冰天雪地也是金山银山

冰雪经济高质量发展丛书

从冷资源到热经济

冰雪旅游发展溯源、案例与实践

From Cold Resources to Hot Economy

Origins, Case Studies, and Practices of Ice-Snow Tourism

张宇飞　著

东北财经大学出版社
Dongbei University of Finance & Economics Press
大连

图书在版编目（CIP）数据

从冷资源到热经济：冰雪旅游发展溯源、案例与实践 / 张宇飞著．—大连：东北财经大学出版社，2025.4．—（冰雪经济高质量发展丛书）．—ISBN 978-7-5654-5457-8

Ⅰ. F592.3

中国国家版本馆CIP数据核字第2024QH2816号

东北财经大学出版社出版发行

大连市黑石礁尖山街217号　邮政编码　116025

网　　址：http://www.dufep.cn

读者信箱：dufep@dufe.edu.cn

大连图腾彩色印刷有限公司印刷

幅面尺寸：170mm×240mm　字数：178千字　印张：15　插页：1

2025年4月第1版　　2025年4月第1次印刷

责任编辑：孙　平　　责任校对：刘贤恩

封面设计：原　皓　　版式设计：原　皓

定价：82.00元

教学支持　售后服务　联系电话：（0411）84710309

如有印装质量问题，请联系营销部：（0411）84710711

前言

冰雪是一种自然现象，也是一种宝贵的旅游资源。冰雪旅游最早源于寒地民族的生存发展，逐渐发展成为一项广受欢迎的旅游活动，已经衍生为全球旅游业中的重要业态。冰雪旅游具有悠久的发展历史和巨大的开发潜力，其在带动地区经济、文化、旅游、体育等方面发挥着重要作用。从世界冰雪旅游发展格局来看，欧洲、北美和东北亚地区是全球冰雪旅游的中心地区，现已进入成熟的冰雪经济发展阶段。东北亚地区冰雪资源丰富，各国冰雪旅游具有互补性，正逐步成为世界冰雪旅游发展的新兴核心区。

中国冰雪旅游发展于20世纪80年代，在90年代初期大众旅游的发展带动下，冰雪旅游进入快速增长期。2015年北京–张家口联合申办冬奥会获得成功后，中国冰雪旅游进入了爆发式、跨越式增长阶段，从冰雪旅游规模来看，冰雪旅游人次从2010年的630万人次增加到2023年的3.12亿人次，成为世界冰雪旅游的新兴增长极和热门消费区。

党的十八大以来，以习近平同志为核心的党中央高度重视冰雪运动和冰雪经济发展，把筹备举办北京冬奥会、冬残奥会作为“国之大者”，作出一系列重要指示批示，指明了中国冰雪运动和冰雪旅游发展的目标定位和实践要求。党的二十大报告提出“广泛开展全民健身活动，加强青少年体育工作，促进群众体育和竞技体育全面发展，加快建设体育强国”，为后冬奥时期冰雪运动和冰雪旅游发展提供了根本遵循。随着2022年北京冬奥会的成功举办及“带动三亿人参与冰雪运动”等战略的提出，以冰天雪地冷资源转化为火热滚烫热经济的高质量、多样化大众冰雪旅游市场正在中国逐步扩大、日益成熟，冰雪旅游已经成为中国北方冬季经济社会发展的新兴动力产业。2023年，中国人均GDP已达约1.27万美元，随着国内国际“双循环”经济体系的确立、后疫情时代大众户外休闲健身运动需求的增加、北京冬奥会的影响效应以及国际冰雪旅游发展格局的变化，中国冰雪旅游产业即将进入一个快速发展的新阶段，这将极大地带动冰雪经济与相关产业乃至区域社会经济的发展。但是，必须清醒地认识到，当前中国冰雪旅游在高速发展的同时，也存在开发无序化、产品同质化、产业低端化、科技边缘化等问题，深刻反映出当前中国冰雪旅游产业体系尚不健全，市场不够完备，与欧美冰雪旅游发达国家和地区相比，中国冰雪旅游产业尚处于初期发展阶段，冰雪旅游产业发展的模式和路径亟待突破创新。

本书是在2022年北京冬奥会的背景下，在冰雪旅游产业持续升温的形势下，重点分析了中国冰雪旅游产业在发展中面临的主要问题，目的是促进该产业的可持续健康发展，并为助力冰雪旅游产业以及构建具有中国特色的冰雪旅游产业提供支撑。本书首先系统回顾了国内外有关冰雪旅游的相关理论，增强冰雪旅游研究的学理性；其次，全面总结了国外发达国家发展冰雪旅游的经典案例以及对中国冰雪旅游发展的启示；再次，深入分析了中国冰雪旅游发展的政策演进、产业融合、冰雪旅游目的地建设、冰雪旅游网络关注度以及区域建设，运用定量结合定性方式剖析中国冰雪旅游取得的经验和成就、面临的困境与阻碍因素，特别是北京冬奥会这一重大赛事对中国冰雪旅游发展的影响效应；最后，从制度、治理、体验、场馆、景观角度提出后奥运时代中国冰雪旅游高质量发展的路径选择与保障机制。

全书呈现四个亮点：一是从冰雪旅游发展历史、概念分类、内涵阐释、研究体系等方面全面梳理了冰雪旅游发展概况；二是从产业融合、空间结构、行为理论、可持续发展等方面系统分析了冰雪旅游的相关理论基础；三是应用大数据和地理信息技术对我国冰雪旅游网络关注度进行了研究，为我国冰雪资源合理开发、利用与保护提供科学依据；四是聚焦全产业链角度，从冰雪旅游景观、冰雪旅游场馆、冰雪旅游体验、冰雪旅游生态、冰雪旅游规制等方面以小见大，以点带面，通过“解剖麻雀”的方式总结经验、摸索规律，为后冬奥时期冰雪旅游高质量发展谋划发展路径，让冰雪运动的发展成果更好地惠及广大人民群众，更多地助力国家经济社会发展。

本书特色鲜明，选题新颖，相关研究在国内尚处于萌芽状态。在研究视角上突出宏观性，时间尺度上采用近10年的相关数据和资料进行分析；空间尺度上采取国内与国外、国内冰雪旅游的重点区域与非重点区域的对比研究。在研究方法上采用文本分析、大数据分析、数理统计、案例分析等定量与定性相结合的分析方法。在研究内容上进一步丰富了中国冰雪旅游的研究范畴，拓展了冰雪旅游研究领域的边界。

限于时间和精力，书中难免有不足之处，恳请各位专家学者批评指正。

另外，本书得到 2024 年度东北财经大学优秀学术专著出版专项

（ZZ202407）资助，感谢我的导师韵江教授的悉心指导。我的硕士研究生范高荣和贾浩杰对本书初稿涉及的资料和数据进行了收集与整理，东北财经大学出版社孙平老师对书稿进行了细致的编辑与修改，在此一并表示感谢！

张宇飞

2024年12月

目录

第 1 章

冰雪旅游概述

在北京申办冬奥会期间，习近平总书记指出，中国举办冬奥会的最大目的，就是带动三亿人参与冰雪运动。经过近10年的努力，我国冰雪旅游市场实现了空前的繁荣发展，冰雪经济的规模、质量和效益实现了跨越式跃升。2022年1月12日，由国家体育总局委托国家统计局开展统计调查所得的《“带动三亿人参与冰雪运动”统计调查报告》显示：2015年北京成功申办冬奥会以来，全国居民参与过冰雪运动的人数为3.46亿人，冰雪运动参与率为24.56%，这表明我国已实现“带动三亿人参与冰雪运动”的目标。冰雪运动跨过山海关，走向全国各地，开启了中国乃至全球冰雪运动新时代。

与冰雪运动相比，冰雪休闲和冰雪旅游的市场规模更大，发展空间更加广阔。中国旅游研究院冰雪旅游课题组综合测算，2022—2023年冰雪季全国冰雪旅游人次达3.12亿人次，是2016—2017年冰雪季1.7亿人次的近2倍，冰雪休闲旅游收入由2016—2017年冰雪季的2 700亿元增加到3 490亿元，冰雪旅游实现了跨越式发展。相对于传统的冰雪运动特别是竞技型项目的参与者，游客多属于“冰雪初次体验者”，主要以休闲娱乐和轻度运动为主。中国旅游研究院的冰雪市场专项调查显示，滑雪度假的游客占比为25%，绝大多数游客以观光休闲和轻度运动为主。从时间分布来看，多数游客还是愿意选择冰雪季北上，85%的游客会选择1—2月出行，春节前后更是旺季中的热点。从消费视角看，传统意义上的“冰雪不过山海关”的资源“诅咒”不复存在了。北京、上海、广东、江苏、浙江、山东、河北、四川、辽宁和湖北已经成为十大冰雪旅游客源省份，西安、成都、武汉、杭州、南京、沈阳、广州、深圳、青岛和苏州成为十大冰雪旅游客源城市。

冰雪旅游的高质量发展得益于中央和地方持续性的政策支持和

行政推动。2018年9月5日，国家体育总局发布《“带动三亿人参与冰雪运动”实施纲要（2018—2022年）》，大力推广普及群众性冰雪运动，助力建设“健康中国”，奋力实现“带动三亿人参与冰雪运动”目标。2022年1月29日，文化和旅游部、国家发展改革委、国家体育总局联合印发《京张体育文化旅游带建设规划》，推动奥运场馆赛后可持续利用，打造体育文化旅游融合发展新名片，培育区域经济社会发展新动能和特色优势支柱产业。2022年3月，中共中央办公厅、国务院办公厅印发的《关于构建更高水平的全民健身公共服务体系的意见》指出，明确支持建设京张体育文化旅游带。2023年，国家发展改革委、国家体育总局、自然资源部、水利部、林草局联合印发《户外运动产业发展规划（2022—2025年）》，提出冰雪运动要深入实施“南展西扩东进”战略，以京津冀为核心发展区域；东北、华北、西北地区为重点发展区域；南方地区为协同发展区域，形成东西南北交相呼应、春夏秋冬各具特色、冰上雪上协调并进的发展格局。

2022年1月，文化和旅游部、国家体育总局依据《滑雪旅游度假地等级划分》（LB/T 083—2021）标准，联合公布了首批国家级滑雪旅游度假地名单。国家级滑雪旅游度假地以所在县（区）域为依托区，提供高水平的滑雪运动设施和高品质的旅游度假服务，满足滑雪度假消费需求，促进当地经济发展。在此基础上，各地又陆续推出了一批省级滑雪旅游目的地，有力推动了冰雪旅游的优质供给和高质量发展。

在政策引导和各级政府推动下，2018—2023年，我国冰雪旅游领域吸纳的核心重资产总投资规模达到1.232万亿元。2023年我国新增核心重资产冰雪旅游项目55个，总投资约1 220亿元，较2022年增长10.9%。华北地区投资项目进入深耕细作转型阶段，东北地区正在积蓄能量开展新一轮投资热潮，核心重资产版图向西北、华东寻求拓展。近年来，哈尔滨积极整合项目资源，推动冰雪旅游高质量发展，已经形成了以兆麟公园冰灯艺术游园会、冰雪大世界、太阳岛雪博会为核心，以伏尔加庄园、亚布力滑雪度假区、冰雪嘉年华、融创雪世界、极地馆为支撑，以英杰温泉小镇、亚布力森林温泉、枫叶温泉度假村等寒地温泉产品为补充的多点聚集、网状分布的冰雪旅游项目及产品体系。2024年元旦期间，哈尔滨凭借独特的冰雪资源，厚积薄发，火爆出圈。数据显示，元旦期间，黑龙江省累计接待游客661.9万人次，同比增长173.7%。与此同时，亚布力、长白山、中国雪乡、“北极”漠河也成为热门打卡地。新疆以“胡杨河之春”冰雪文化艺术旅游节开启了新年旅游季，北京圆明园、颐和园、紫竹院等公园同步启动假期冰场或雪场活动，四川冰雪游景区串联冰雪观光、滑雪、温泉等系列主题活动，成都西陵雪山滑雪场开放夜滑项目，举办跨年派对吸引游客。广州热雪奇迹作为大型室内滑雪场吸引游客体验室内滑雪项目。中国旅游研究院（文化和旅游部数据中心）的专项调查显示，冰雪节庆在假日期间引流效果明显，38.6%的游客参加了冰雪旅游节、冰雕艺术节、冰灯节等冰雪文化活动。

冰雪旅游让各地传统的文化民俗活动重新焕发生机，依托于数字技术和现代科技手段，创造了一批更有现代活力和时尚感的旅游空间和消费场景。哈尔滨的冰雕艺术和松花江冰雪嘉年华、延安的黄河春开冰、成都的西岭雪山观云海、呼伦贝尔的冰雪那达慕、黑龙江的冰上杂技系列演出“冰秀”、长白山的雪地马拉松、阿勒泰的冰雪音乐嘉年华、北京和张家口的冬奥场馆打卡、乌鲁木齐铁路局新东方快车，都是对冰雪文化的创造性转化和创新性发展。

1.1 冰雪旅游的发展历史

1.1.1 冰雪旅游起源——早期冰雪运动

（1）生存的需要

冰雪旅游起源于滑雪运动，早期发展更多体现的是人对生存的需求，滑雪是生活在北方的人们冬季为了适应严寒、积雪的自然条件所必须具备的一种技巧。古代的人类生产力落后，生活工具少，遇上冬季大雪天气，出行交通不便，获取食物变成十分困难的事情。因此，古代人民利用他们的智慧，把现有的动物皮毛，发明制成了毛雪板，在雪地上奔走如飞，成为冬季狩猎必不可少的代步工具，这种雪上工具可以让人们在大雪天气不再受到出行限制，可以相对自由地驰骋，追寻猎物，从而获得生活保障。滑雪运动逐渐成为北方人民冬季生活必不可少的技能，并且经过长期演化，形成了最早的运动项目“越野滑雪”。

关于人类滑雪的起源地，国际学界众说纷纭，并无定论。俄罗斯、挪威、瑞典曾因发现古老滑雪板的碎片或描绘滑雪板的古岩画，一度被认为是人类滑雪的故乡。但这些观点都没有经过系统的论证。2005年，相关专家在新疆阿勒泰地区发现1万年前滑雪狩猎岩画，这幅岩画的存在，将人类滑雪历史的起点上溯到旧石器时代晚期，也是“新疆阿勒泰为人类滑雪最早起源地”的有力证据之一。

（2）交通出行

古代我国北方地区分布着许多少数民族部落，狩猎是其重要的生存方式。但由于冬季自然气候条件恶劣，一年中的大部分时间，生活所处区域都会被积雪覆盖，大雪深处可覆盖人马，严重影响人民的生活和出行。当时的交通工具“对抗”自然的能力非常有限，给人们的出行增加了困难。于是，聪明的猎人将毛皮绑在长长的木板上，通过加大与雪的接触面积来实现行动的便捷，从而制造出了类似雪板、雪橇和雪车这样的交通工具。借助它们不但能独自旅行，而且能承载物品，极大地便利了人们在冬天的出行，成为人们外出必不可少的交通工具。在当时的北方地区，滑雪成为人们的必备技能。《隋书·北狄传》有记载，“地多积雪，惧陷坑阱，骑木而行”，描述了北方地区人们冬季生活、出行的景象，其中的“骑木而行”描写的就是脚踏滑雪板“乘雪而行”的情形。随着时间的推移、社会的进步、科技的发展，这些交通工具的作用也在不断地发生改变，从昔日的传统狩猎、出行工具演变成当今的冰雪运动和体育休闲装备，成为人们健身、休闲、娱乐的工具。

（3）战争的需要

战争中提倡“兵贵神速”，就是指哪一方如果行动更迅速就更容易赢得主动，从而改变战机，因此军队的行军速度成为决定胜败的关键因素。古代战争中，由于没有先进的交通运输工具，步行成为最基本、最重要的行军方式。但在冬季，由于大雪的出现，影响到行军速度，甚至由于大雪封山，军队只能望“雪”兴叹。

对于在冬天参与战斗的军队来说，如会“滑雪”无疑是给军人们插上了一双羽翼，大大加快了行军的速度，为战斗赢得了先机、占据了主动。

在现代战争中，“滑雪”也曾发挥过重要的作用。在第二次世界大战期间，纳粹德国在挪威泰勒马克郡修建了一座大型核反应堆，是核武器的重要战略资源，盟军曾多次设法对其进行轰炸，但均未成功。后来英国情报部门先后训练了10名挪威特战队员，他们利用滑雪板穿过森林，渡过结冰的河流，攀越冰川，避开无数的地雷、探照灯和巡逻队，终于成功潜入设施内部，埋设了定时炸弹并对设施给予重创。恼羞成怒的德国军队出动了近3 000名士兵进行追逐，然而10名挪威特战队员利用装备的滑雪板，进行了长达400千米的越野滑雪，穿越挪威全境并最终到达中立国瑞典。这一行动也成为特种作战的经典案例，使各国军队都逐渐意识到部队军人掌握滑雪技能的重要作用。

1.1.2 冰雪文化的形成

（1）冰雪民俗文化

冰雪民俗文化是以冰雪自然环境为基础，蕴含民族风情和习俗，所采取的或所创造的生活文化的总和。它体现了人类长期在冰雪环境下生产生活的精神体验与文化趣味，包括建筑、器械、饮食、历史、艺术、运动、服饰、文学、音乐和舞蹈等各个方面，具有历史悠久、自然创造、得天独厚、多姿多彩、至善至美等特点。我国北方地区受气候、地理位置和环境的影响，长期处于严寒状态，在原住居民长期的摸索和探究之下，不断创造出新的生活方式和习俗，将冰雪环境与冰雪气候相结合，改变了传统生产方式，阔别了受限已久的生活，从而形成适合于本民族本地人群的与冰雪共生的文化生活。由于各个民族文化、习俗不同，各民族的冰雪活动也各不相同，各有各的特色，其中广为流传、最为通俗、最受欢迎的是抽冰尜儿、冰爬犁、狗拉雪橇、雪地龙舟等冰雪民俗活动，具有参与性高、娱乐性强的显著特点，让游客可以体验到北方特有的冰情雪趣。各地域、各民族也各有独具特色的冰雪活动，如哈尔滨冰雪节，长春的冰雕、雪雕，查干湖冬季捕鱼，内蒙古的冰雪那达慕等。此外，各个民族之间文化还各有区别和特点，逐渐演化和形成了自己民族特有的冰雪民俗文化。在2022年北京冬奥会筹备进程中，民间民俗冰雪活动释放出巨大能量，为我国冰雪旅游的推广普及和消费热度持续助力并再添“一把火”，为我国冰雪旅游的发展带来了空前的关注度与参与度，同时也更好地宣传了冰雪民俗文化的魅力，它的扩散效应无形中影响、熏陶和感染了更多的人参与冰雪运动和冰雪旅游。

（2）冰雪竞技文化

在长期的演化中，冰雪竞赛规则日趋正规化、制度化，从而逐步发展出一种战胜自然、超越自我的竞技型冰雪文化。一方面，特殊的自然地理条件和寒冷的气候环境对人的耐寒、耐缺氧能力有所考验，因此冰雪运动对国民体质增强，特别是对青少年的身心健康有着独特的功能；另一方面，在冰雪上高速滑行对运动者的平衡能力要求很高，否则很容易跌倒摔出，所以对平衡身体的技巧、对全身肌肉的控制能力很有锻炼价值。此外，人们在滑行时前庭分析器受到特异的刺激，会产生特别的兴奋，可称为“眩晕运动”感觉，让冰雪爱好者享受到了极致速度带来的快感、高度落差带来的刺激，以及掌控身体带来的主宰感。随着装备水平的日益提高、技术水平的不断增进，冰雪运动在统一的规则下公平竞争，规避安全隐患，完善竞赛规则。

奥运会被普遍认为是一种更加彻底的对极限的超越，运动员挑战自我征服极限。从叶乔波奖牌零突破及杨扬冬奥首金，到韩晓鹏的空中技巧金牌及申雪赵宏博的冰雪之梦；从实现中国冰上男子单人项目冬奥会金牌零突破的武大靖，到首位完成自由式滑雪1620高难度的女运动员谷爱凌；从世界短道速滑锦标赛总冠军次数最多的中国队运动员杨扬，到短道速滑获得四枚冬奥会金牌的王濛，中国的冰雪健儿们一代又一代，续写着中国体育的冰雪传奇。超越极限的努力从来没有停止，攀登顶峰的进发仍然如火如荼，而那些具有个体象征意义的体育动作也与他们的名字一起，成为极限的标志，成为另一座高峰。

此外，冰雪竞技文化的广泛流传，对于竞技冰雪运动的传播与扩大起到推波助澜的作用。例如，北京冬奥会的圆满落幕，掀起了我国大众冰雪旅游热潮，实现了冰雪运动从“小众爱好”到“全民运动”的完美蜕变。冰雪旅游的高质量发展需要以冰雪文化的营造与繁荣为关键性支撑，以文化为灵魂，以大众传播为媒介，以挑战人类极限为动力，在规则的框架下，不断改进提高、追求卓越。

（3）冰雪群众文化

冰雪运动是一项惊险、刺激、极限、勇敢、挑战、健身的运动，既能引领体育运动的新时尚，又能张扬个性、表现自我、挑战自我、彰显性格魅力。受古希腊奥林匹克文化的影响，西方冰雪文化更强调竞争，注重个人潜能的开发与自我表达，运动的竞技性、拼搏性、冒险精神更强；中国传统冰雪文化蕴含丰富的和谐精神，追求人与自然的和谐共生，更注重人性的自然表达。西方冰雪文化受工业文明的支持，更加彰显器物文化，更加突出现代化、科技化、规范化，其主要目的是为人们的休闲生活服务，文化传播较为顺畅；中国传统的冰雪文化是北方先民渔猎文化的产物，手工制作的运动器物主要是为了提高生产和生活的效率，文化传播受地域、季节、民族的影响较大。

从北京奥运会结束后计划申办北京冬奥会，到2015年冬奥会申办权取得，再到北京冬奥会成功举办，我国冰雪运动文化不断升温，为冰雪运动的拓展带来重大机遇，同时带动了冰雪旅游的发展，使得其发展步入了快车道。推广冰雪群众文化，政策的引领作用是非常显著的。在“带动三亿人参与冰雪运动”等政策指导下，我国各地不断推出以“新时代冰雪运动动起来”为主题，推出了“快乐冰雪，健康中国”“冰雪体育长廊计划”“冰雪阳光计划”等活动，特别是“北冰南展”战略继续推进，使得神州大地冰雪运动的开展如火如荼。在延庆，冰雪文化与传统节庆结合，创造了独特的冰雪体验。白天的冰嬉雪乐与夜晚的花灯温泉，让游客们在欢乐与浪漫中感受冰雪的魅力。

而内蒙古的那达慕活动，则展示了冰雪与民族文化的完美融合。乌梁素海的冬捕文化，更是一道独特的风景线。乌梁素海，作为黄河流域最大的淡水湖，其冬季的捕鱼活动不仅是生计，更成为一种文化的展示。新疆地区的冰雪文化则展现了更为丰富的维度，这里不仅有策马扬鞭的雪原奔腾，还有古村落中古老毛皮滑雪板的制作工艺展示。冰雪文化的发展不仅是对传统文化的传承与创新，更是对经济发展的有效推动。随着“冰雪+文化”的新业态的出现，各地的冰雪活动不仅丰富了民众的生活，也成为推动地方经济发展的重要方式。无论是冰灯艺术、冬捕文化，还是冰雪节庆活动，它们都在以各自独特的方式，展现着冰雪文化的独特魅力和价值。

1.1.3 中国冰雪文化

中国传统冰雪运动文化作为我国冰雪运动文化的重要组成部分，近年来越来越为人们所关注。这一方面源于冰雪运动自古以来是我国居民的冬季运动娱乐项目，经过数千年的发展形成了源远流长的冰雪文化，成为中华传统文化的重要组成部分；另一方面在于，中国传统冰雪运动文化是我国古人战天斗雪、不畏严寒，挑战自然、利用自然的历史写照，承载了中华民族勇于挑战、拼搏奋进的精神。在传承中华优秀传统文化，不断提升我国文化软实力的今天，中国传统冰雪运动文化作为我国文化发展的源泉之一，不断深入研究其所蕴含的文化特点和时代价值，不仅能提高民族道德素养，更好地推进中国特色社会主义建设，同时也有利于民族文化自信与自强。传承弘扬中华优秀传统文化，必须坚持创造性转化、创新性发展。

多数人认为滑雪起源于北欧或者北美地区，而来自中国新疆阿勒泰地区的证据却给出了不同的答案。2005年，一幅阿尔泰山古阿勒泰人脚踏滑雪板、手持单杆滑雪狩猎的岩画在阿勒泰市被发现，被认为可追溯到1万年以前，是目前世界上最早记录滑雪场景的考古学证据。2015年，在中国阿勒泰举办的一场关于古代滑雪文化的国际学术会议上，来自挪威、瑞典、芬兰等国家的30多位专家和学者共同签署了《阿勒泰宣言》。自此，阿勒泰是世界上最早的滑雪起源地之一，在世界范围内被广泛认可。

冰雪体育文化需要密切结合历史、民族、地方三方面文化，赋予冰雪运动更加丰富的内涵，提升冰雪运动的品位与亲和力。这同时可以更加广泛地彰显出中国传统冰雪运动文化的历史沉淀与独特魅力，进一步丰富全人类的精神财富和娱乐生活方式。冰雪运动是冰雪体育文化的载体，2022年北京冬奥会的举办对于我国发展冰雪体育运动，提升我国冰雪体育运动在国际上的地位是一个重要契机，其推动了冰雪项目的开发与冰雪资源的利用。正是由于我国不同地域有着不同民族独特的文化内涵，常年冰天雪地里生活的民族也形成了特有地域的冰雪文化，多样化的冰雪体育文化才得以孕育和传承。因此，通过梳理中国冰雪运动文化的精髓，在北京冬奥会与其他文化主动分享中国的“冰雪故事”，在文化自觉和文化自信的基础上更好地为奥林匹克运动贡献中国哲学和智慧，为北京冬奥会创造宝贵的文化遗产。

1.1.4 冬奥会与冰雪旅游

冬季奥林匹克运动会（Olympic Winter Games）又称冬季奥运会、冬奥会，由国际奥林匹克委员会（International Olympic Committee）主办，是世界规模最大的冬季综合性运动会，参赛国家遍布世界各地。冬季运动不包括在最初的奥林匹克概念里，然而，随着冬季运动的普及，将它们列入奥运会已是大势所趋。法国在夏慕尼举办了一个冬季运动周，赛事获得巨大成功，以至于国际奥委会在1925年修订其宪章，将冬季奥运会纳入其章程中，夏慕尼的冬季赛事也被国际奥委会追认为首届冬奥会。1986年，国际奥委会决定每隔两年举办一次夏季和冬季奥运会的比赛，而不是在同一年举办这两项赛事。截至2018年，冬季奥运会共举办了23届，第24届冬季奥林匹克运动会于2022年2月4日至2月20日在中国北京和张家口举行。

奥运会这样的“大型活动”，因为能为主办城市吸引外来投资，促进旅游和塑造新形象，进而增进再发展的能力，所以逐渐成为城市和区域更新的一个重要政策工具。从20世纪20年代第一届冬奥会起，旅游效应就开始发挥作用，冬奥会的举办带动了文化旅游、宗教旅游、体育旅游、观光旅游等的发展。由于冬奥会本身就是旅游吸引物，而且与其相关或由其衍生的旅游产业链更加丰富，从某种程度上而言，冬奥会可以提高或巩固主办城市在国际冰雪旅游市场上的地位，扩大游客在冬奥会期间的消费，延长旅游时间，推动周边地区旅游和其他类型的旅游发展等。此外，冬奥会和旅游活动有利于主办城市拓展新的合作，从全球范围来看，许多冬奥会的举办城市因为注重旅游效应而成为知名的冰雪旅游城市，或原本就是冰雪旅游城市而因举办冬奥会进一步提升了知名度。如美国盐湖城冬奥会推动了该区域酒店业的发展；加拿大卡尔加里冬奥会促进了当地旅游和接待业的繁荣；俄罗斯的索契虽是避暑胜地之一，但因基础设施不完善造成城市旅游承载力有限，而通过举办冬奥会，为这座城市带来了巨大变化，新建或改善了酒店等旅游配套设施，改善了城市的立体交通体系，逐步发展成为著名的国际化旅游城市。

冬季奥运会促进了冰雪运动和冰雪旅游的发展，根据国际经验和历史实践，旅游是一种对奥林匹克遗产进行活化利用的有效途径，中国冰雪旅游的兴起和壮大不仅是旅游产业本身的业态创新拓展，而且在推动乡村振兴、区域协调发展等国家战略中扮演重要角色。北京冬奥会的举办则进一步加速了我国冰雪旅游的发展，趁冬奥之风，把冰雪运动和冰雪旅游都推向了一个新的高度，充分满足大众的冰雪运动需要，促进冰雪经济和区域经济发展。

1.2　冰雪旅游的相关概念与分类

1.2.1　相关概念

（1）冰雪经济

冰雪经济是以冰雪资源为特色、以气候条件为依托的经济，涵盖冰雪运动赛事、冰雪大众活动、冰雪旅游、冰雪装备制造、冰雪运动培训以及餐饮、交通、商业、文化、娱乐、康养等多个与冰雪运动上下游相关的领域和产业，是以冰雪为基础的多种社会和经济活动的综合体。"冰"与"雪"作为自然生态资源，其内部有着独特的价值循环特性，能够生成价值化、资本化的资源，进一步培育成冰雪经济相关产品和产业体系。宏观层面，冰雪经济是"冰天雪地也是金山银山"发展理念的有效延伸和具体实践，是冰雪"冷资源"撬动产业发展"热经济"的核心引擎，是白色自然资源促进绿色健康发展的生态价值观，也是生态经济化与经济生态化耦合发展模式的重要体现。中观层面，冰雪经济具有带动区域发展和产业转型升级的功能，通过探寻冰雪市场价值，挖掘当地冰雪资源禀赋特征，锚定冰雪经济发展方向，进一步延伸冰雪产业链、整合创新链，激发产业发展潜力，提高区域产业转型和就业增收，实现经济效益和生态效应同向共行，带动地区经济高质量、可持续发展。微观层面，冰雪经济为广大人民群众的健康和精神文化需求提供产品和服务，将北方寒地人民传统的冰雪生存活动拓展至全民生活的经济、健康领域，围绕"冰"与"雪"培育相关产业及其他动态衍生产业，包括赛事、旅游、培训、服装、餐饮、娱乐等行业，提高了广大人民群众对于美好生活的“获得感”与“幸福感”。

（2）冰雪产业

冰雪产业是一个以旅游业为主导，第一、二、三产业协同发展，突出冰雪旅游为主体的产业链，是各项效益合理分布组合的生态经济综合体。随着经济的发展和概念范畴的不断完善，“冰雪产业”的概念更加系统和丰富：冰雪产业是基于对冰雪资源的开发而形成的一类特殊的资源型产业，包括冰雪服饰产品、冰雪器材、冰雪场馆运营、冰雪旅游消费、冰雪运动研学培训和冰雪赛事娱乐消费等，按照具体领域可划分为冰雪旅游产业、冰雪文化产业和冰雪体育产业。冰雪产业链包括上游的设计、装备，中游的运营服务和下游的消费三个环节。

冰雪产业通过开发冰雪资源而形成市场需求的产品和服务，可分为四个维度：一是从开发资源上可利用冰雪资源打造滑雪场、滑冰场等设施，也可制造冰雕、雪塑等冰雪景观，来开展冰雪文化节、艺术节、游园会等。二是根据冰雪资源条件和大众需求进行产品制造，比如滑雪板、滑雪服、滑冰鞋、雪场运营器械等。三是针对冰雪的服务市场，比如赛事服务、培训服务、咨询服务等。四是对冰雪自然物的提炼和想象而形成的冰雪文化，赋予其人类社会的内涵意义，比如与冰雪文化相关的影视、小说、动漫的创作等，是冰雪衍生出来的人文产业形态。从产业发展的角度看，冰雪产业是新时代产业结构升级中的新兴增长点，既可以作为体育产业的一个组成部分，也可以作为旅游产业的下游分支，在“冬奥红利”的强力推动下，成为一个具有跨越式发展潜力的全新产业。在相关产业中，冰雪产业是新时期最具引领带动性的行业之一，它推动了产业转型和消费升级，并由此带动了文化、体育、旅游、康养、服务、交通、制造等相关产业的发展。同时，对于具有冰雪资源的相关区域而言，发展新时代的冰雪产业是打造新兴区域经济增长极的重要抓手。

（3）冰雪体育产业

冰雪体育产业是冰雪产业的延伸和下游概念，是伴随冰雪运动所衍生出来的经济活动的总称，也是提供冰雪运动服务的各行业总和。冰雪体育产业的内涵结构与体育产业一脉相承，具备体育产业的基本结构特征。因此，本书将冰雪体育产业界定为以冰雪体育活动为中心而开展的一系列相关的经济活动的总称。冰雪体育产业可以划分为三个层次：

①核心层：冰雪运动竞赛表演、冰雪健身娱乐、冰雪运动技能培训、冰雪器械装备制造业等产业价值创造活动；

②相关层：冰雪生态旅游、冰雪用品服装、节庆活动和冰雪娱乐等以“冰雪体育”为主题的冰雪娱乐性价值创造活动；

③外延层：为核心层和相关层吸引消费人群以及供给服务的第三产业门类，包括冰雪运动广告、冰雪运动保险、冰雪运动赞助、冰雪运动博彩以及冰雪运动新闻与媒介等。

以核心层为中心，三个层次相互支撑、互相促进，形成合理、健康的产业发展结构。

（4）冰雪旅游产业

冰雪旅游产业是以冰雪和气候资源为依托，以冰雪及相应的人文景观为吸引物，以冰雪观光、冰雪运动为主要表现形式，以开展各类冰雪旅游活动为主要内容，涉及休闲度假、运动竞技、文化旅游等多种形式，同时以相关服务、设施和基础设施建设为支撑的综合性产业。

冰雪旅游产业兼具观赏性、参与性、刺激性的特征，是一种新兴的“旅游+运动+度假”的娱乐形式，具有“高成长、新体验、高效益”三个显著特征。

冰雪旅游产业是由提供各种冰雪体育活动和服务的企业组成的，基于丰富的冰雪资源与完善的旅游服务，冰雪旅游产业不仅可以满足人们对体育锻炼、观光游览、艺术创作的需求，还可以推动交通、餐饮、体育等多个领域的经济增长。冰雪旅游产业是一个多元化的综合性行业，以冰雪体育旅游为核心，提供丰富多彩的旅游体验、精彩纷呈的活动和安全舒适的住宿服务。

社会经济发展和产业融合助推了“冰雪产业”+“旅游产业”，从而催生出了冰雪旅游产业。冰雪旅游产业的出现和发展是与大众消费需求和经济增长相关联的，在增加冰雪产业产值上发挥关键作用，同时也是冰雪产业之中发展最为成熟的产业。从产业融合的内涵来看，冰雪产业资源与旅游产业链中的各要素通过产业间非线性的交叉关系相互影响，促使产业间技术、产品、企业、市场等要素在“融合点的环节”进行扩散，产生业态创新，引起负熵流入，打破原产业系统中的线性平衡，从而实现产业融合。从产业融合的实践来看，冰雪旅游是一种由冰雪产业与旅游产业融合而成的新业态，以冰资源、雪资源以及气候为基础，以各类冰雪所构成的景观及所衍生的人文景观为旅游产品，以冰雪观光、冰雪运动为主要表现形式，具有观赏性、参与性与刺激性等特点的休闲旅游。

1.2.2 概念区分

冰雪经济是冰雪产业发展的基础，冰雪产业是冰雪经济发展的命脉。冰雪产业较高的旅游特性，决定了其与旅游产业的较高关联性。旅游业是一个由“食、住、行、游、购、娱”组成的综合性产业，涵盖了农业、制造业以及交通、文化、体育、接待会展、信息等多个行业。同时，冰雪产业的渗透和关联性也十分显著，冰雪产业链涵盖了赛事、场馆、中介、器材、培训以及相关的地产、娱乐、旅游等上下游产业，其中的冰雪观光、冰雪运动体验更是旅游业的重要资源，对旅游业的发展起到了直接或间接的推动作用。在休闲娱乐、运动健身、观光游览和社会交往等领域，冰雪产业和旅游业有着极强的关联性与相似性，二者在发展中互为平台与载体，旅游业为冰雪产业拓展了更多的经营途径和模式，而冰雪产业则给旅游业带来了更多的新产品和新需求，彼此在延伸产业链的同时又拓展了自身的盈利空间。

冰雪体育产业是冰雪产业与体育产业深度融合的产物，主要包括冰雪运动竞赛表演、冰雪健身娱乐、冰雪运动技能培训、冰雪赛事装备制造业等。二者的深度融合，推动了冰雪运动的发展，加速了大众冰雪运动的兴起，带动了我国冰雪产业的快速发展。冰雪体育产业的价值创造能力和产业带动力，是冰雪产业形成、发展和壮大的根本，也是对其经营模式和结构进行优化的先决条件。

冰雪旅游产业是冰雪产业与旅游产业深度融合的产物，是指以冰雪本体资源为核心，以旅游服务为载体，随着消费者需求的不断改变、行业之间的渗透交叉，经过技术、产品、企业与市场等的融合而形成的兼具冰雪产业与旅游产业特性的“冰雪旅游”新兴业态。二者的深度融合，使旅游产品与服务更加丰富，为旅游者提供多元化的旅游选择，推动旅游业与冰雪产业的良性互动。从发达国家的实践经验和历史发展规律特点来看，举办高水平的冰雪运动是促进冰雪旅游产业发展的重要因素。

冰雪旅游相关概念关系如图1-1所示。

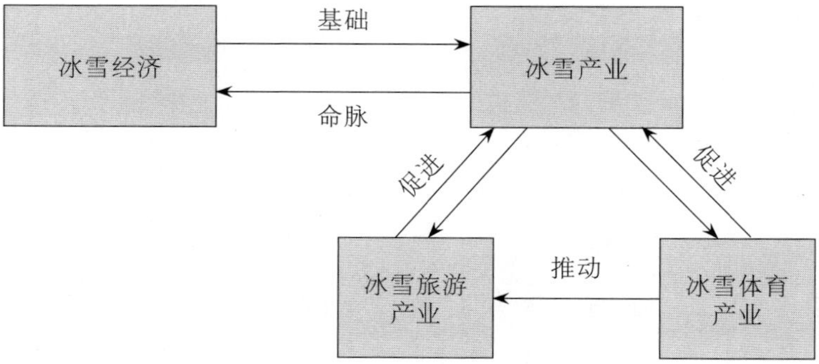

图 1-1　冰雪旅游相关概念关系图

1.3　冰雪旅游的内涵阐释

1.3.1　冰雪旅游的定义

对冰雪旅游做出科学的界定，是研究冰雪旅游相关问题的理论前提。由于研究的目的和视角不同，学术界对冰雪旅游的概念界定众说纷纭。本研究从多重维度阐述关于冰雪旅游定义的研究成果，便于对现有各类冰雪旅游概念的组成要素与特征有一个较为完整的认识，并为后面一系列问题的研究奠定基础。

（1）从生态学角度

程志会等（2016）提出冰雪旅游是一种依赖于冰雪气候条件的旅游产品，同时也是能够体现冰雪文化内涵的旅游活动形式总称。陈思宇（2018）认为，冰雪旅游是基于冰雪资源而形成的旅游发展方式。Jin（2020）提出了冰雪旅游的基础是冰雪圈和气候资源，可为游客提供包括观光、运动和探险等能够体验冰雪文化的活动。中国旅游研究院韩元（2020）认为，冰雪旅游是以冰雪资源和寒冷气候条件为依托，以自然风光、人文景观、冰雪赛事为旅游吸引物的新型旅游活动。常晓铭等（2020）提出冰雪旅游是以人为主体，对冰雪资源进行充分的开发利用，以满足自身的休闲娱乐等多种需求的活动的总称。随着对冰雪旅游研究的深入，从生态学角度理解冰雪旅游概念内涵也越来越丰富，张瑞林（2024）提出了总结性的观点，他提出冰雪旅游是以冰雪资源和气候资源为依托，以冰雪景观及其产生的所有人文景观为旅游吸引物，以冰雪运动体验为主要形式，兼具观赏性、参与性、刺激性等特点的休闲度假旅游。从上述学者的观点可以看出，冰雪旅游从属生态旅游范畴，对生态环境资源依赖度较高，冰雪旅游对区域生态系统带来环境质量改变和生态影响等问题。

（2）从体育学角度

国外学者对冰雪旅游概念通常用“Ski Tourism”来表示冰雪旅游，从词的定义上主要强调的是雪上旅游活动。Muller（2010）认为，冰雪旅游是以滑雪运动为基础的一种旅游活动。王诚民（2006）认为，冰雪旅游属于体育旅游的分支，因此，可结合体育旅游的概念和旅游学相关理论来界定冰雪旅游，他从旅游者的角度提出冰雪旅游是旅游者利用冰雪开展的各种体育赛事、康体活动、体育文化交流活动等，并且与旅游地、旅游企业以及社会组织和团队之间相互联系的总和。也可理解为，冰雪旅游是利用冬季多样化的体育器材，发挥冬季体育的功能，来满足冬季旅游者的旅游需求，促进旅游者身心健康、和谐发展的活动。盖洋等（2008）对此持相同的观点，也认为可从体育旅游的概念出发，综合旅游学理论和国内外学者的观点来界定冰雪旅游。石长波等（2013）对于冰雪旅游的概念认知相对狭义，他们提出冰雪旅游就是包括滑雪、滑冰等冰雪运动项目在内的体育旅游。而刘文佳等（2016）提出的冰雪旅游概念相对广义，他们认为冰雪旅游是一项兼具体验大自然及参与冰雪运动的旅游形式，通过设计多种多样的冰雪活动以带动游客对冰雪的消费欲望与游玩需求。蒋依依（2022）综合了上述观点，她提出冰雪旅游是以冰雪运动为主要表现形式的各种相关活动的有机整合。

（3）从旅游活动角度

从旅游活动角度来定义冰雪旅游概念也是学者们关注的重点之一。刘毅等（2006）提出从广义与狭义两个角度来界定冰雪旅游。广义层面上的冰雪旅游，指的是冰雪旅游者利用各种冰雪资源而进行的各种体育竞赛、身体娱乐、体育文化交流等活动的总和；从狭义角度来看，指的是旅游者利用冰雪器材在冬季进行的体育活动，目的是让冬季的体育文化生活得到极大丰富。Wiebke Unbehaun（2008）提出，冰雪旅游是依托冰雪气候资源这一载体来实现的，其主要内容是，以冰雪运动这种形式来娱乐旅游者的身心。Sabine Muller（2010）也明确指出，冰雪是实现和丰富冰雪旅游活动的载体，这是其突出特征。刘海洋和王旸（2011）认为，冰雪旅游是将旅游资源与冰雪体育运动结合起来的一种综合性活动，在此基础上，具体是观赏体育竞技赛事或者是参与体育健身活动而以旅游活动这种形式所开展的冰雪体育活动。王伯金（2011）指出，冰雪旅游的参与者是基于非营利目的围绕冰雪体育活动而开展的逗留、旅行及因此而导致的各种旅游活动的总和。郭胜（2011）认为，冰雪旅游的旅游者的行为目的主要是观赏冰雪赛事、参加冰雪运动，是体育和旅游双向奔赴的体现，通过冰雪旅游能够体验冰雪文化、冰雪民俗、冰雪健身运动等，由此而产生一种新鲜感，也是一种体验休闲冰雪文化活动的方式。曹亚东等（2013）从消费视角提出冰雪旅游是通过进行冰雪活动规划来刺激人的消费需求，让其主动参与冰雪体育活动。

（4）从类别属性角度

冰雪旅游到底归属于哪种类型的旅游也是学者们讨论的热点问题之一。张大春（2016）提出，选择冰雪旅游的人群，其主要目的和过程是参与冰雪体育活动，这本身就是一项十分重要的体育旅游项目。席亚凤（2017）认为，冰雪旅游按照属性应归于生态旅游范畴，从狭义的角度来界定冰雪旅游，可将其理解为，在群众参与冰雪活动的冬季，借助相关器材，发挥冰雪运动的各种功能，令旅游者感到身心愉悦，满足消费者对冬季体育旅游的需求。季海洋和肖艳玲（2017）认为，应当从运动旅游范畴来界定冰雪旅游，因为冰雪旅游最典型的特征是游客以运动的方式参与冰雪旅游活动，在冰雪运动的体验中感受到健身、娱乐、刺激和挑战等，进而保持其身心愉悦。李在军（2019）对冰雪旅游的属性问题作了总结，他提出冰雪旅游将冰雪产业和旅游产业相互融合，是一种将观赏性与参与性两者结合而成的新型旅游方式。

（5）从出游目的角度

李友军等（2008）提出，游客参与冰雪旅游的目的就是体验、参与冰雪运动项目，其目的指向明确，冰雪旅游因其作为新兴旅游产业，对游客的吸引力较大。刘磊（2011）进一步印证了上述观点，他指出冰雪旅游是基于大众对冰雪体育的需求，主动参与冰雪运动，一方面让个人身心获得愉悦和健康，另一方面是在冰雪运动技能上获得提升，实现获得感和幸福感，从而丰富个体精神文化生活等。曹亚东等（2011）提出，冰雪旅游同时具有冰雪运动属性以及旅游活动属性，两者的有机融合形成了冰雪体育旅游活动，是游客为参与冰雪体育活动、观看或参加冰雪体育竞赛、进行冰雪体育文化交流等而进行的所有逗留与旅行的总和。

（6）从产业、文化、社会综合角度

李月丰和刘宗梅（2012）从产业视角提出，冰雪旅游是以冰雪这一气候资源条件为基础、以冰雪运动为载体进行的各种健身、娱乐、体育相关活动，是经过较长时期演化而成的冰雪相关产业化体育旅游活动，这些产业化活动包括相关的冰雪旅游目的地、冰雪旅游组织及冰雪旅游相关企业等之间的各种关系和现象。李欣等（2013）从文化和社会的视角提出，冰雪旅游除了具有通过冰雪体育活动满足旅游者身体健康、身心愉悦等基础功能之外，还具有丰富旅游者的文化生活和社会活动，促进其全面和谐发展的作用。孙威（2014）对冰雪旅游概念的阐述进一步丰富了上述学者的观点，他认为冰雪旅游是在自然环境下，依托冰雪资源开展的各种与冰雪体育相关的身体和文化活动，其首要目的是参与、从事冰雪运动，冰雪旅游的构成要素包括旅游者和旅游目的地等，这些要素彼此相互作用并产生社会、经济和文化现象。冰雪旅游是体育和旅游实现有机融合，并形成健身、旅游、娱乐等多因素、多元化的旅游消费市场。李艳翎等（2016）对此做出的解释为：旅游者利用冰雪资源而开展的各种冰雪赛事、冰雪娱乐等活动，以及在这一过程中，旅游地、旅游者、旅游企业与社会彼此之间互相作用所形成的各种关系与现象的总和。武传玺（2017）对冰雪旅游的定义为，旅游者为满足其对冰雪旅游的各种需求，而利用冰雪运动资源所开展的各种休闲健身活动、体育锻炼活动和体育赛事以及因此而产生的各种经济活动与社会关系的总和。以上学者的观点更多地倾向于冰雪旅游不仅是冰雪体育和旅游消费活动，而且兼具社会交往和文化交流功能。

（7）本书的界定

综上所述，对于“冰雪旅游”的概念，国内外并未有统一的界定标准，国外超过60%的学术成果认为其是指以滑雪运动为主的旅游活动，具体表述中也以“滑雪旅游”“高山滑雪旅游”“冬季旅游”等关键词为主。而中国学者则更倾向于以“冰雪旅游”为核心概念，涵盖冰雪赛事、冰雪文化、冰雪节庆以及冰上运动等多方面内容。综合不同学者对冰雪旅游概念的界定，本书尝试将冰雪旅游的概念概括为以下三方面：

第一，冰雪旅游是体育旅游的下游概念和重要分支，是冰雪运动不断发展的产物，是旅游发展到一定阶段后，旅游业与冰雪体育产业交叉形成的新型旅游形式。

第二，冰雪旅游是以冰雪场地设施、冰雪旅游产品、冰雪民俗文化以及冰雪体育赛事等为旅游资源吸引物，经过媒体与广告的宣传推广，将其转化为体育旅游资源的产物。

第三，冰雪旅游是将强身健体、休闲娱乐、体验刺激、冰雪赛事、民俗文化、社会交往交流融为一体，以满足旅游者求知、求新、求奇等旅游需要，并实现企业自身的经济、社会、文化和管理等目标的一种专项体育旅游活动。

1.3.2 冰雪旅游的价值

冰雪旅游是旅游和体育的结合，是旅游资源与冰雪资源的互补互利，冰雪旅游的主要内容是冰雪体育活动。冰雪旅游一方面能够促进冰雪资源的开发和利用，另一方面能够满足大众在健身、娱乐、文化等方面的高层次需求。冰雪旅游不但能进一步促进旅游业发展，还能对区域经济、社会文化产生积极的影响。

（1）冰雪旅游的社会价值

①增进大众身心健康，提升大众生活质量

作为人类社会文化的重要组成部分，冰雪旅游既有人类文化的本质特征，也有其特异性。就其外部条件来看，冰雪旅游资源，特别是自然资源，是吸引游客的重要因素，也是冰雪旅游区别于一般体育活动的重要特征。这些外部条件包括但不限于山脉、森林、雪道、冰凌、温暖的阳光、干净的空气等。游客在这种优美的自然环境下能够保持舒畅的身心，有助于增进身心健康。在这种环境下参加冰雪运动，能起到放松身心、舒缓解压、振奋精神、消除疲惫、培养意志等作用，是在现代城市环境下参加体育活动所不能比拟的。因此，冰雪旅游在增进大众身心健康、陶冶情操、提高生活质量等方面发挥着重要作用，具有其独特价值。

②有助于加强国际合作，促进国际友好往来

随着现代冰雪旅游活动的快速发展与日益普及，越来越多的游客参与其中，有助于消除来自不同国家、地区、民族、文化、宗教的人们之间的文化隔阂、冲突与矛盾，能够让不同国家不同文化背景的人民相互尊重、互相学习、友好交往，从而增进友谊、促进世界和平。特别是在冬奥会这一重大事件上得以体现，体育运动为各国人民交流提供了平台，在促进、加深全球各民族之间的文化交流与融合上，奥运会所发挥的作用是巨大的。冬奥会让各国人民放下歧视、平等对待、尊重彼此，从而减少各民族之间的文化冲突。

（2）冰雪旅游的经济价值

冰雪旅游作为一种新兴综合性产业，它的经济价值体现在增加外汇收入、平衡国内供求、提供就业岗位、促进交流合作等几方面。

①增加外汇收入

发展冰雪旅游可为国家带来更多的外汇收入。发达国家冰雪旅游实践发展经验可给我们很好的启示，在北欧、北美等地，冰雪旅游业所带来的外汇收入是十分可观的，主要是因为冰雪旅游的服务产品有较高的附加值，参与冰雪旅游的人群可获得健康、休闲、养生、医疗等方面的服务和指导，冰雪旅游提供的产品中含有健康因素、文化因素、休闲娱乐因素和教育因素等，决定了其产品的高附加值。此外，由于冰雪旅游资源存在于全球特定的国家和地区，参与冰雪旅游的花销较大，可为相关国家和地区带来可观的外汇收入。

②平衡国内供求

据中国旅游研究院统计，2015年国内外旅游总人次出现了大幅上涨，2022年，国内旅游总人次达到25.30亿人次，其中接近50%的人群都是出于休闲、娱乐和健身的目的。冰雪旅游能够刺激居民旅游消费，进一步拓宽消费领域，转变旅游消费模式和休闲方式，更好地满足人们对健康、娱乐、休闲、审美、教育等方面的需求，还有助于优化城乡居民的消费结构，加快旅游和体育产业转型升级，进一步促进“双循环”新发展格局。

③提供就业岗位

发达国家旅游业服务人员的比例与其他行业相比通常较高，美国旅游业服务人员是农业从业人员的5倍，日本是4.5倍，旅游业为社会提供了大量的就业机会。冰雪旅游作为综合性服务产业，主要是提供服务商品，以满足游客在冰雪旅游活动中的各方面需求。因此，该行业的发展将会为社会提供更多的就业机会，吸收更多的劳动力。虽然目前中国旅游业的发展还无法与发达国家相比，不过近20年以来，中国旅游业发展十分迅速，所提供的就业岗位也不断增加。冰雪旅游包括“吃、住、行、游、购、娱”，也包括冰雪装备制造和冰雪研学等，涉及的产业和行业众多，可为社会提供大量的就业机会，这无疑极大地改善了我国的就业情况。

④促进交流合作

冰雪旅游各相关领域专家之间的交流丰富了彼此的信息，使得我们能够加强和外部世界的相互了解。同时，也能够加深国外游客对中国投资环境的了解，能够进一步促进双方的合作与交流，有助于建立良好密切的合作关系，促进中外在科技、文化等多个领域的发展融合。并且，这种民间友好交往对弥补官方渠道的不足发挥着重要作用。

（3）冰雪旅游的人文价值

①加强人文交流和教育

冰雪旅游作为旅游产业中具有鲜明资源和文化特征的旅游项目，在加强各国人民文化沟通、教育学习方面发挥着桥梁和纽带作用，并且在缓解民族对抗冲突、消除区域矛盾方面起到积极效果。特别是在国际关系紧张状态下，体育、文化、旅游（包括冰雪旅游）往往能够发挥一般外交所不具备的功能，缓和国家间关系，增进了解并达成相关共识。

②弘扬民族传统文化

冰雪旅游属于体育文化的重要组成部分，凭借其独特魅力吸引来自不同国家、不同民族的游客，以此来加深彼此之间的交流沟通，促进本民族文化的进一步传播，有助于民族文化功能得到更好发挥，有利于弘扬优秀的民族体育文化，比如中国北方的舞龙、舞狮、冰舞、雪上竞速等活动将会依托冰雪旅游而向全世界传播。

③助力体育旅游资源的保护与发展

拥有冰雪旅游资源的国家和地区可申请专项基金用于当地的冰雪旅游资源保护，也可通过筹措资金、吸引社会资本的方式来对冰雪旅游资源进行开发和修缮，同时加强对于大众保护冰雪旅游资源的意识宣传，促进冰雪旅游资源保护的软实力建设。

④提高科学技术的传播与交流

冰雪旅游既是一种体验文化现象，同时还发挥着文化传播的作用。冰雪文化在大众交流和沟通中发挥出了媒介作用，不同国家和民族的冰雪文化相互交流交融，促进社会和谐共生。冰雪文化对科技的传播与交流同样有着重要作用，当前的冰雪旅游发展中数字技术和现代科技手段层出不穷，这个过程也加快了冰雪旅游科学技术的传播，因此，现代冰雪旅游一方面从科学技术发展中受益，另一方面成为传播科学技术的重要方式和途径。

1.3.3 冰雪旅游的功能

本书从微观、中观、宏观三个层面分析冰雪旅游的功能：微观层面对冰雪旅游者所发挥的功能；中观层面对产业自身及其他关联产业所发挥的功能；宏观层面对国家事业发展所发挥的功能。

（1）微观层面：个体体验、补偿、满足功能

①冰雪旅游的个体体验及其内涵

从本质上来说，获得畅爽体验是旅游者参与冰雪旅游的直接目的。“体验”的概念最早由古希腊学者柏拉图提出，他针对雅典社会中存在的道德丧失、理性沦陷等问题，提出将“体验”作为解救之法，期望人们能够摆脱尘世束缚，回归理性。经过一段时间的发展，古典美学体验在德国得以发展，19世纪中期之后，尼采等学者进一步推动了体验的发展，相关论述也达到了巅峰。在这一阶段，西方社会充满了荒诞、虚无，面临严重的生存危机，叔本华以“静观”表述一种体验，这是西方学者在面临生存危机时从哲学层面的反射。叔本华与尼采基于对生命的本体的思考，将体验作为希望的寄托。而后，马斯洛从人的需求层次论角度将“体验”进行了细分，并提出“高峰体验”的概念。

体验，既是一种身体感知，也是一种心理过程，在这个过程中实现了对生命、生活的建构与解构。学者麦肯奈尔认为，人们为了摆脱和解决现实困窘，开始追求旅游的本真体验，这种旅游体验作用不只是体现在个人，且对于社会都有非常显著的作用。1979年，科恩从现象学视角提出每个个体的体验都是不同的，而不同的体验对个体和社会带来的影响、产生的意义也是不同的。不管是哲学家还是心理学家虽然无法对体验的定义进行统一，但是他们对体验的阐述存在一个

共同之处：在终极价值上，体验是对平庸的超越，也是生命的礼赞、人性的回归。按照他们的观点，对于消费者个体来讲，旅游体验不仅包含休闲娱乐因素，还具有教育求知因素等多种功能。

因此，从体验的视角来分析冰雪旅游，是旅游者利用冰雪这一介质来实现对常规体验旅游活动的否定或挑战，旅游者希望在冰雪体验活动中释放情绪，张扬个性，这既是一种叛逆表现，也是一种追求个性自由、回归原始的体验。在冰雪旅游活动过程中，可能会带来痛苦的体验，这种“痛苦”可能是对挑战难度的恐惧，也可能是对参与冰雪活动的胆怯，但是通过这种体验，个体可从中感受到自己与冰雪世界完全融合并自我征服的畅爽体验。

②对自我匮缺的补偿

分析冰雪旅游的产生根源是有其独特社会文化背景的，从19世纪中期到20世纪中叶，西方面对现代性的困扰，“极端体验”开始萌发并且获得快速发展，逐渐对现代人的生活与价值观念产生重要影响。包括尼采提出的“酒神精神”以及福柯对疯癫的迷恋等，都是在文化艺术思潮下涌现的极端体验思想。随着工具理性社会的到来，人们生活的世界逐步进入“科层制”模式，城市人群面对巨大的工作和生活压力，为了摆脱单一、枯燥的生活束缚，一些人群开始将关注点和活动兴趣转移到体育活动中，在闲暇时间走向户外，通过参与探险、滑雪、飞翔等体育旅游活动得以释放自我，感受畅爽体验，冰雪旅游正是在这种情境下逐渐获得人们的关注和青睐，尤其是那些有着较高学历背景、收入可观、爱好体育的年轻群体，非常热衷于参加冰雪旅游活动，在这些年轻群体引领下，冰雪旅游逐渐发展成为一种时代潮流。人们在冰雪旅游过程中，一方面会不断地寻求对自我的超越，另一方面会努力地实现对本真性的认同与坚守。在体验冰雪旅游的过程中，随着游玩状态的不断深入，人们可能会进入到一种暂时空寂、妄为或者是沉醉的状态，达到巅峰或是畅爽体验，而这种体验，是一般性旅游活动所无法获得的，这种畅爽体验也正是参与人群所追求的旅游目的，从而让参与者从中得到身心的补偿。

从心理学的角度来说，日常的工作和生活难免会让人产生疲惫和倦怠之感，容易产生焦躁、不安等情绪，个体处于这种张力状态下，会本能地寻求化解途径。国内外的研究结果显示，冰雪旅游活动有着独特的运动属性，能够帮助人们缓解日常工作的紧张、压力，帮助人们从失衡状态调整回平衡状态，实现对自我生理与心理匮乏的补偿。当然，这种补偿可能为多种形式，可能体现在身体机能方面，可能体现在人际交往方面，也可能体现在环境疗愈方面等。对于一般性体育旅游者来说，参与冰雪旅游是休闲、欢快和刺激的，这与日常生活的感受完全不同，会让参与其中的人感到自己置身于一个全新的世界。对于高端体育旅游者来讲，在山川、森林等环境下参与冰雪旅游活动，让置于其中的身心能够得到调节，再加上技术的加持，各种刺激惊险的滑雪动作让人沉醉其中，将会给旅游者带来前所未有的畅爽体验，使得身体机能以一种自然的状态得到调整，也由此实现自我的回归。

基于体验的角度来分析，冰雪旅游还具有心理和情感疗愈作用，基于不同目的参与冰雪旅游的个体所追求的旅游体验也会有所不同，如果旅游者希望借此摆脱现实的羁绊，那么他（她）可以借此放空，完全沉浸在冰雪世界里，追求的就是出世的体验。如果他（她）希望能够逃避孤独、恢复社交关系，则可以携朋带友，或者在冰雪旅游活动中结识志同道合的伙伴，与他人进行积极的交往、密切的接触，增强个体的社会认同感与归属感，利用冰雪旅游活动来恢复和重塑社会关系网络。

③符号消费偏好的满足

消费社会学的研究表明，消费者的收入水平、社会地位及消费观念都会对其消费行为产生影响，消费环境、场所带来的消费体验也会存在明显区别。消费空间、消费环境在消费社会学中都属于重要的影响因素，消费空间已成为商品消费的附加符号。当前，中国的体育消费受理念、经济等诸多因素的影响，出现了显著的阶层区分，大抵可分为工薪阶层、中产阶层和富裕阶层，这也意味着冰雪旅游群体已逐渐进入到这种分化空间中，而且这种消费空间的分化还在持续和加速。纵观冰雪旅游的发展历程，其消费空间的内涵、结构等和社会关系、社会过程存在着十分密切的联系，消费空间存在着分化与区隔，不同区隔空间所联结的消费群体也存在显著差异。经过多年的演变之后，冰雪旅游消费的内涵在不断发生变化，该行业的消费也存在一些独有特征，已经不再是简单的体育旅游行为，而是消费者可识别符号价值的体育旅游产品，并且开始得到足够重视，逐渐成为社会高阶层人士所偏好的旅游方式，不再是简单的日常体育消费的内容。当代社会中，冰雪旅游者也正是利用区隔消费空间，来使得自己的符号消费偏好能够得到更好的体现和满足。

中国的中产阶层相对人群庞大，从其消费特征来说，更偏向于符号消费或者是“炫耀性消费”，按照凡勃伦的观点，所谓的“炫耀性消费”是指有钱有闲阶级以有意脱离生产来炫耀自己的权力、财富而进行的消费，这种消费并不是单一为了满足需求而进行的消费，更多的是通过这种消费来获得关注、赞美和荣誉，因此，这种消费在很大程度上是通过非必要的、奢侈的商品来进行的。从参与冰雪旅游的消费群体动机来说，更多的是希望通过冰雪旅游消费来炫耀自己的身份、社会地位等方面的特殊和优越，以冰雪旅游活动来展现符号消费的实用性与炫耀性。

（2）优化产业结构功能

从经济学角度来分析，产业结构的优化是在某些政策或措施的刺激下通过对产业内各行业的发展速度、水平、规模以及各行业之间的联系而进行的调整，使之发生变化而使得产业结构更加合理化。从旅游产业结构来说，可简单地理解为：构成旅游业的餐饮、交通、住宿、娱乐等各部门各行业在旅游经济中发挥的作用，包括各部分比例结构等。宏观角度的旅游产业结构包括各地区、各部门、各生产要素和各环节的构成以及彼此之间相互牵制、相互联系的关系，主要有产品结构、行业结构、地区结构等。

在整个体育旅游产业体系中，冰雪旅游发挥着非常重要的作用，不管是对于消费者还是产业系统抑或是国家，冰雪旅游的影响都不是直接实现的，而是通过对整个产业结构的优化来间接对国家、产业、社会和个人产生影响。从需求侧来说，近几年来，我国国民经济获得了快速发展，社会中涌现出了一大批的新中产阶层和富裕阶层，这两类阶层的规模在不断扩大，也对高端文化体育旅游产品提出了更高的需求。从供给侧来说，随着供给侧结构性改革的逐步深入，旅游行业发生了深刻的变革，成为当前的“幸福产业”和战略性新兴产业，旅游基础设施加快建设，各旅游景区加速开发，旅游产品也从传统的观光游览向体验性、沉浸式的旅游方式转型，多样化的旅游产品和服务也极大地丰富了旅游消费者的选择。部分群体对体育旅游产品的多元化需求促进了冰雪旅游产品的产生，冰雪旅游反之也推动体育旅游产业结构的优化发展。这种体育旅游产业结构发生变化的结果是：其一，冰雪旅游产业的市场需求存在着较大的自发性与随意性，市场机制是调节供需的主要方式，因此其市场导向特征十分明显。其二，很多地方政府都认识到发展冰雪旅游的重要意义，因此投入了巨大的热情来进行规划、设计该地区的冰雪旅游开发，这也对旅游产业结构造成了一定影响。在北京冬奥会赛事的推动下，大众对冰雪旅游更加关注，参与热情显著提升，冰雪旅游相比其他旅游项目能够创造更多的收益，能够吸引大量的生产要素。基于市场经济运行机制，任何产业的发展都需要投入相应的生产要素，而市场中的生产要素会流向那些能够带来更高收益的部门，这也更好地解释了当前很多地方政府大力开发冰雪旅游资源的原因。但是，由于冰雪旅游资源呈现出不均匀的分布特征，因此，不同地区所具有的资源禀赋也是存在差异的。那些资源条件不足的地区，在该产业的发展上会遇到较大的阻力和困难，而那些有着资源优势的地区，则能够得到更好的发展和取得长足的进步。面对日益多元化的冰雪旅游消费需求，一些地区开始加强对冰雪人文旅游资源的开发和利用，使得冰雪旅游产品得以进一步丰富。而这些行为进一步刺激冰雪旅游业的发展呈现多元化特征，产业结构得以优化，发展范围也得到极大的拓展。

有学者指出，可以利用优化生产要素组合来推动产业结构的优化，提高其合理性。冰雪旅游产业结构优化的目的是提高冰雪旅游资源的开发效率，使得供给体系更加合理、完善，构建新的产业发展格局，形成更加高级、更具效率的结构，使得冰雪旅游业所具有的功能能够得到充分发挥，进一步提升整个行业的效益水平。优化冰雪旅游产业结构也是促进产业发展、打破当前发展瓶颈的重要途径。

（3）促进产业集聚功能

产业集聚是随着产业发展到一定阶段而必然会出现的产物。19世纪末期，马歇尔首先对产业集聚现象进行了研究，后来越来越多的经济学家围绕产业集聚问题展开研究，并逐渐提出了产业集聚理论。波特基于竞争优势的角度，从价值链、经济效率等方面对产业集聚的价值与形成机理进行了阐述分析，进一步促进了产业集聚理论的发展。冰雪旅游所发挥的产业集聚作用，指的是冰雪旅游产业与其他相关产业的集聚、融合、优化的实现过程，其目标是使人们的冰雪旅游消费得到满足，通过冰雪旅游企业提供的技术、资金、产品等各生产要素的优化组合，形成了包括观赏、体验、社交、餐饮、购物、交通等完整的冰雪旅游产业链关系。冰雪旅游进一步优化了旅游产业的产品结构与消费结构，聚集了越来越多的相关产业，促使冰雪旅游产业及其延伸的体育旅游产业规模逐步发展壮大。

冰雪旅游产业所提供的主要是冰雪旅游产品与服务，该产业具有综合性和融合性的特征，因为其涉猎广泛，涉及多方面的旅游要素，既包括传统的旅游六要素“吃、住、行、游、购、娱”，也包括装备制造、研学、体育等，而这些旅游要素彼此之间又存在着十分密切的联系，围绕旅游者的消费行为，通过高效合作让旅游者获得高品质的产品和个性化的服务。冰雪旅游产品的构成要素具有多元性特征，决定了其具有很强的集聚效应，可从三方面进行分析：首先是直接从事冰雪旅游产品供给的企业，包括冰雪旅游景区、酒店宾馆、餐饮及交通服务企业的彼此交叉、互相融合，也包括直接为消费者提供产品或服务的冰雪旅游企业，如旅行社、旅游中介机构等。其次是以间接方式为冰雪旅游者提供产品和服务的、处于供应链上游的企业，如提供各种冰雪旅游设备、配套设施、零部件等的企业或专业的供应商，还有其他以服务冰雪旅游企业为主要业务的相关服务机构，比如专业媒体、冰雪运动培训机构等。最后是吸引那些为冰雪旅游消费者提供相关服务的机构或企业，比如金融企业，为冰雪旅游者提供金融、汇兑等服务，以及提供安全、医疗等服务的医疗护理、救援等机构，在冰雪旅游产业集聚效应下实现跨行业的聚集。

总之，冰雪旅游产业有着非常显著的集聚效应，一方面，产业聚集使冰雪旅游产业结构体系得以优化，产业链趋于完整，促进整个产业服务质量的提升，并且还可降低企业成本，提高其经济效益；另一方面，冰雪旅游的产业集聚会创造更多的就业岗位，吸纳更多的社会剩余劳动力，提高社会就业率，从而为社会创造更多的财富。

（4）提升国家经济与体育软实力功能

冰雪旅游的快速发展，既能吸引本国游客，同时也吸引大量国外游客，从而带来外汇收入，提升国家经济实力。此外，冰雪旅游能够实现跨文化交流，加强与世界各国人民的沟通与交流，展现我国的体育软实力。

①吸引境外游客，增加外汇收入

国家的外汇收入反映的是国际支付能力，也代表国家经济实力的一部分。冰雪旅游在外汇收入方面的作用是和产品出口创汇一样的，冰雪旅游提供的是资源型旅游产品，具有高品质、高消费的特点，购买冰雪旅游服务的消费者必须来到旅游产品的生产地才可消费，属于对外出口无形服务。一方面，冰雪旅游的消费价格往往高于其他大众体育旅游商品，参与冰雪旅游消费的旅游者经济实力和支付能力较强，可以直接获得较为可观的外汇收入；另一方面，冰雪旅游不像一般出口商品存在货物运输耗损等问题，也减少了运输、仓储等费用，因此，冰雪旅游在非贸易创汇中具有更显著的优势。此外，2022年北京冬奥会的成功举办，极大地推动了我国冰雪旅游产业的迅猛发展，冰雪场馆设施水平、交通可达性、经营服务水平和管理经验也得到大幅提升，吸引更多的境外冰雪旅游爱好者来到中国参与冰雪旅游，从而带来更多的外汇收入。

②展示体育软实力

体育软实力是指在体育领域里主要因吸引而产生的体育影响力，使得其他国家、组织或个人心甘情愿地追随或模仿的能力。体育软实力的内涵体现在内在“竞争力”和国际影响力上，强调非强迫性、非胁迫性。很多国家都会以文化、体育软实力的方式来提高自身声誉、改善国家形象。随着我国对外开放程度的不断加深，我国与世界的联系日益密切，中国的冰雪旅游消费群体在不断扩大，而且已经形成了全球化冰雪旅游客源格局。很多国家在制定个人或家庭旅游规划时，会重点关注和分析中国旅游市场，特别是北京冬奥会所呈现出的大国担当、专业水准、良好形象为中国的冰雪旅游市场带来全新形象，也吸引了更多国家的冰雪旅游爱好者前往中国参与冰雪旅游活动，这些境外爱好冰雪旅游的消费者对中国的认识也发生了转变，有助于树立中国的良好形象；而进入到国际冰雪旅游中的中国游客，则成为我国形象的代表，将优秀的中国传统文化带到全世界，扮演着友好使者的角色，让旅游目的地的外国民众加强了对中国的认识，形成了良好的“口碑效应”。

1.3.4 冰雪旅游的特征

冰雪旅游具有体育和旅游的双重属性，同时又兼具冰雪活动的特色，既能锻炼身体、休闲娱乐，又能锻炼意志、陶冶情操，在参与冰雪旅游中获得不一样的体验。结合相关冰雪旅游文献，将冰雪旅游的主要特征概括如下：

（1）观赏性

观赏性在冰雪旅游活动中更多地指观赏大型、专业冰雪赛事，例如冬奥会、亚冬会、全国冬季运动会，以及专业冰雪类赛事，人们可以近距离地感受冰雪体育运动所具有的独特魅力、丰富的文化内涵和专业冰雪运动员高超的技艺。

（2）娱乐性

娱乐性是冰雪旅游的重要特征，也是游客参与冰雪旅游的重要目的。不同地区的冰雪资源禀赋并不相同，需要根据当地具有的冰雪旅游资源，开发个性化、差异化、与游客需求相匹配的冰雪旅游产品，实现游客在参与各种冰雪体育活动的过程中，从生理到心理都能够获得愉悦感，形成难忘体验和黏性消费。

（3）专业性

冰雪运动具有很强的专业性，这就要求参与冰雪旅游的游客和相关组织者要有一定的专业素质。例如滑雪、滑冰对参与者速度素质有一定要求；冰壶等项目对参与者有一定技巧性要求；冰球等项目则强调参与者身体强壮，具有一定的对抗性；空中技巧类项目对参与者的身体素质和胆量具有一定要求。总之，参与类的冰雪旅游项目所具有的惊险性、审美性以及艺术性特征给参与者带来精神上的极大丰富，给游客带来更加充实的旅游体验和独特魅力。

（4）刺激性

冰雪旅游与一般性旅游活动最大的区别就在于冰雪旅游活动通常具有惊险刺激的特点，这是冰雪旅游活动独特专属的情感体验。比较典型的活动如高山滑雪、高山速降、打雪圈、冰滑梯等，都具有一定程度的惊险刺激感，给游客带来独特的冰雪运动体验。

（5）教育性

冰雪旅游活动具有教育的特征和功能，能够在旅游活动中达到寓教于游、提升自我。特别是针对青少年开展的冰雪研学活动，帮助学习者掌握一些冰雪运动技能，增强自我探索、接受挑战、不畏艰难的意识和勇气，获得冰雪运动相关学科的知识，培养合作、竞争意识。此外，冰雪旅游活动还具有互动合作性，在参与者和观赏者之间、共同参与者之间能够进行良好的互动合作，增强社会适应能力。

（6）季节性

由于冰雪资源对于气候的独特依赖性，大部分冰雪资源存在于冬季北方地区，基于百度指数的研究表明，每年的12月、1月、2月是冰雪旅游的旺季，比如冬泳旅游项目，只有在10摄氏度以下的低温水环境中进行才能达到最佳效果。冰雪旅游项目具有周期性再利用的特征，在现代科学技术的加持下，南方地区的室内冰雪场馆在逐步增多，利用虚拟技术实现跟北方室外相同效果的冰雪活动体验，冰雪旅游活动开始从“一季游”向“四季游”转变。

1.4 冰雪旅游研究体系

1.4.1 市场主体：冰雪旅游者

旅游体验的主体是旅游者，冰雪旅游的主体就是冰雪旅游者。马天（2015）认为，旅游者在与外界互动过程中产生个性化的旅游体验，旅游者自身在旅游体验过程中占主要地位。Mossberg（2007）强调旅游者感官体验在旅游活动中起到重要作用，Agapito等（2013）认为视觉以及其他感官对于游客的旅游体验起到至关重要的作用。谢彦君（2015）提出旅游体验表面看是游客个人感受，只涉及个体，但事实上旅游者接受的文化、所处的环境都会潜移默化地影响旅游体验形成。

冰雪旅游持续发展的关键在于满足冰雪旅游者不断升级的个性化需求和培育冰雪旅游者群体。冰雪旅游者特别是参与型冰雪旅游者群体，具有消费层次高、注重体验质量、滞留时间长、重游率高、参与群体稳定等特点。对于冰雪旅游者的研究多基于游客细分和满意度视角，有学者提出冰雪旅游消费决策受到冰雪项目种类、身体健康、运动技能水平等因素的影响。也有学者从冰雪旅游运动属性的角度，提出冰雪运动项目具有刺激性、高危性的特点，因此从预警监测、检查管控、安全教育培训等方面构建了冰雪旅游景区游客安全管理体系。

基于冰雪旅游是体验性较强的旅游活动，有学者发现游客的体验质量反馈对于提升冰雪旅游目的地竞争优势有重要作用。

相比较而言，国外学者对于冰雪旅游者的研究起步较早，研究较为成熟，根据不同的维度将参与冰雪旅游者进行分类。Konu 等（2011）以芬兰滑雪度假区为例，按照游客选择目的地的不同标准，将其分为被动型旅游者（Passive Tourists）、深度体验者（Deep Practitioner，也有文献使用 Want-it-all）、中度滑雪体验者（All-but-downhill Skiing）、运动爱好者（Sports Seekers）以及休闲旅游者（Relaxation Seekers）；Priporas 等（2015）根据收入、年龄、健康状况、运动偏好、交通可达性、景区吸引力等不同的休闲限制因素（Leisure Constraints）将前往冰雪度假村的旅游者进行了市场划分；Bichler、Pikkemaat（2021）将研究目光聚焦在城市内的冰雪旅游景区，并根据游客的出游动机将其分为休闲型旅行者（Moderate Skiers）、观光型滑雪者（Urban Recreational Skiers）和专注滑雪运动的旅行者（Focused Skiers）。此外，还有学者关注到冰雪旅游中的游客满意度和主观幸福感等问题，Prebensen 等（2016）以前往挪威进行冰雪旅游的游客为例，调研发现了游客在冰雪旅游活动中的参与度和价值共创能够有效调节其体验质量和满意度之间的关系；Bosnjak 等（2014）分析了滑雪旅游爱好者的自我表达感（Self-expressiveness），发现其对旅游者在滑雪运动过程中的幸福感提升有较大帮助。

近年来，国内学者开始关注冰雪旅游者的行为及影响机制，张瑞林等（2017）对冰雪旅游消费者与冰雪旅游体验多元关系进行分析后发现，参与冰雪旅游体验后的消费者多数转化为浸入消费者，而浸入消费者最为关注的是审美体验，其次是教育体验。路璐等（2018）以崇礼滑雪场为例提出了滑雪场设施质量、服务质量和游客的情感体验能够有效提高游客的感知价值和满意度，进而提高游客的重游率。

王恒利等（2019）研究了影响女性消费者参与冰雪旅游的因素，其中女性冰雪旅游消费者重视“口碑评价”和价格属性，反映出女性务实的消费特征。王恒等（2023）对影响冰雪旅游消费者满意度的因素进行探索后发现，“冰雪旅游项目吸引力”为影响满意度的深层根源因素，“冰雪运动设施”、“冰雪旅游配套设施”及“冰雪旅游性价比”为中间连接因素，“冰雪旅游环境保护”为表层直接因素。

1.4.2 资源客体：冰雪旅游资源

冰雪资源是依托冰雪形成的气候条件，以冰雪景观为物质基础，以冰雪文化为内涵，以基础设施、交通、科技、人才等为支撑进行的冰雪产业链中的一项或多项产业开发，满足人们的冰雪观光、文化体验、运动培训、商务交流、产业发展等其中一方面或多方面的需求，并可产生经济效益、社会效益或环境效益的各种事物和现象。

冰雪旅游资源是指冰雪资源中适宜进行旅游开发的部分资源，借助于冰雪资源的概念界定，冰雪旅游资源是指依托一定的冰雪气候条件，以冰雪自然景观与冰雪人文景观为物质基础，促使游客前往具有冰雪旅游资源的地域空间进行旅游活动，进而产生旅游效益的旅游吸引物。根据游客在冰雪旅游行为过程中的活动类型与体验差异，可以将冰雪旅游资源划分为景观欣赏类、冰雪休闲类、民俗节庆类、康养度假类四种类型，具体如下：

① 景观观赏类：冰雪天气与气候景观、冰雪地域文化景观、冰雪水域文化景观、冰雪生物景观等。

② 冰雪休闲类：以冰雪体育、冰雪文化、冰雪娱乐为主题的建筑或场所，包括冰雪娱乐园、冰雪大世界、滑雪场、滑冰场、冰雪主题公园等。

③ 民俗节庆类：开展冰雪节庆、冰雪演艺活动的民俗村落、雪

乡雪村、冰雕冰屋以及冰雪民俗节、冰雪特色节目展演等。

④ 康养度假类：具有冰雪康养、休闲、度假活动条件的场所，如冰雪度假屋、与冰雪相配套的温泉设施等。

冰雪资源的地理环境赋予其多重自然属性，包括地域性、季节性、周期性以及资源的有限性等特征，这对冰雪资源禀赋属性与开发利用的时空特征产生了约束性影响，而人类社会对冰雪资源的认识、评价与利用赋予了冰雪资源社会经济价值。研究冰雪资源的人地关系涉及时间周期、空间结构、组织序变、整体效应与互补协同等方面，以揭示系统各类要素之间的相互作用，为系统的整体优化、综合平衡和有效调控提供理论依据。

（1）从服务生产生活向服务社会经济转变

在17世纪以前，我国北方少数民族已经开始利用冰雪资源服务于生产和生活，如赫哲族将狗拉爬犁用作冬季交通工具，鄂伦春族将冰雪屋作为冬季外出打猎时的住所等。但当时受到生产力水平和人们思想观念等的限制，冰雪资源的经济价值尚未得到充分开发。20世纪中叶以来，随着我国产业体系的逐步完善与旅游活动的蓬勃开展，冰雪资源的利用也日益得到关注，呈现出多元化的发展趋势。冰雪运动、冰雪文化以及冰雪旅游等产业逐渐形成体系化发展模式，为我国冰雪经济的高速发展提供了有力支撑。其中，冰雪运动在赛事驱动下发展迅速，国内相继举办首届全国冰上运动会（1953）、首届全国滑雪运动会（1957）、首届全国冬季运动会（1959）。国际方面陆续参加和承办了冰雪项目的世界锦标赛、亚洲冬季运动会以及世界瞩目的北京冬奥会，这些赛事极大地促进了我国冰雪运动的普及以及与世界冰雪运动的交流和对话。同时，国内的冰雪文化节庆活动也带动了国内冰雪运动的发展，各地积极整合冰雪文化资源，不断创新其表现形式。比较有代表性的如1985年哈尔滨在传统冰灯游园会基础上创办哈尔滨冰雪节，将冰雪文化、地方民俗和现代时尚结合起来，也开启了冰雪资源向经济开发和社会服务转变的序幕，据此，以冰雪运动和冰雪文化为资源和产品基础的冰雪旅游，步入了快速发展的轨道。数据显示，2022—2023年冰雪季全国冰雪旅游人次已达3.12亿人次，以冰雪运动、冰雪艺术、冰雪旅游为代表的冰雪资源开发与利用，成为冰雪产业链核心链条不断完善的巨大推动力，冰雪资源的开发逐渐从上游的冰雪装备制造、中游的冰雪中介服务、下游的冰雪旅游营销等领域延伸，实现了全产业链的逐步拓展。

（2）从一季游玩向四季利用转变

冰雪资源受到气候条件以及纬度的限制，呈现出强季节性和显著的周期性变化，因此冰雪资源的开发利用具有高度的季节依赖性。《2018中国滑雪产业白皮书》数据显示，国内滑雪场营业天数在100天以内的占比约为72%。随着科学技术的进步，尤其是造雪技术的成熟，冰雪资源开发利用在克服季节限制方面取得实质性进展。一方面，部分有条件的地区通过人工造雪等方式，成功延长了雪季的运营时间，平均延长时间为35天；另一方面，数字技术赋能下的AR、VR让室内冰雪项目的开发成为可能，虚拟化的冰雪场景设计犹如真实情境。在2013—2014年雪季，国内仅有5家室内雪场，但到2022—2023年雪季，这一数量达到50家，每年稳定吸引大量体验人群，一些南方城市正在开设更多滑雪场，浙江省雪场数量达到20余家，位列南方省份第一，全国排名第十一。

（3）从单区域向多区域推进转变

我国传统的冰雪资源开发更多集中于资源禀赋丰厚和区位优势明显的东北地区，并相继举办以大众参与为主的第一届冰灯游园会（1963）和以竞技赛事为主的亚洲冬季运动会（1996），成为我国冰雪资源开发利用的先行者。随着冰雪产业自身发展的成熟及外部发展环境的不断改善，加之北京冬奥会的赛事驱动和国家部委陆续出台的政策效应，冰雪资源开发的空间格局逐渐扩大，呈现出“南展西扩东进”的发展态势。以滑雪场分布为例，自改革开放以来，我国滑雪场分布由以黑龙江、吉林为核心的单极核密度发展成以黑吉辽、京津冀为双核心的多点核密度圈，并且核密度圈向西、向南、向东延展。在北京冬奥会这一大型体育赛事的推动下，华北地区的冰雪资源开发取得突破性进展，2020年滑雪场数量已占全国总数的25.73%，居全国首位。东北地区退居次席，但凭借丰富的冰雪资源保持领先地位，2020年区域滑雪场数量占全国总数的23.92%。西北地区凭借优质的冰雪资源以及全国第十三届冬季运动会（新疆）的赛事效应，拉动了区域冰雪资源的开发，2020年区域滑雪场数量占全国总数的19.16%，位居第三。尽管华东地区在冰雪自然资源方面存在天然弱势，但凭借雄厚的经济实力和巨大的市场需求，通过现代数字技术和虚拟技术改造室内冰雪场地设施，实现了资源的跨越利用和四季运营，2020年区域滑雪场数量占全国总数的14.83%，位居第四。上述四个地区也是我国冰雪资源的四大板块，充分彰显了冰雪资源从单区域向多区域推进转变。

1.4.3 产业媒体：冰雪旅游产业

从宏观需求来看，政策驱动产业发展的效果显著。一方面，《体育强国建设纲要》进一步明确了体育产业发展对国民经济增长的重要作用。国家“十四五”规划将体育强国建设进程由2050年提前至2035年，文体旅等消费提质扩容和体育产业的高质量发展也被推到更高层面。《“十四五”体育发展规划》明确提出：“提升华北、东北、西北地区冰雪旅游服务水平，打造高质量滑雪旅游度假地。”作为国家战略性新兴产业，体育旅游特别是冰雪旅游产业发展因2022

年北京冬奥会而备受关注，后冬奥时代也将迎来更好的机遇与挑战。另一方面，要有效发挥冬奥遗产效应。冰雪旅游产业肩负着继承和运用好北京2022年冬奥会“带动三亿人参与冰雪运动”的伟大遗产，承担起保持人民群众参与冰雪运动热情的责任。在国内大循环背景下，冰雪旅游产业只有通过提质升级才能适应我国经济高质量发展的转向，才能使居民消费从“有没有”向“好不好”转变。我国冰雪旅游产业尚处于成长期，应充分利用后冬奥时代的冰雪自然资源与冰雪文化资源，正视当前经济环境、社会环境、生态环境等宏观背景对冰雪旅游产业发展的影响与要求，不断提升产业链供应链韧性、丰富运营模式、增强市场供给，使之持续健康发展，才能有力回应新发展阶段赋予的使命任务。

从微观需求来看，大众消费升级推动冰雪产业链日趋完善。一方面，后冬奥时代冰雪旅游消费规模增长是产业提质升级的主要动力，冰雪旅游产业正从低级向中高级转变，冰雪消费人群数量与规模持续扩大，拓展消费需求成为其发展的重要任务。冰雪旅游产业是以供给冰雪旅游服务为主体的产业，其消费的可持续性已成为消费者对产业所供给产品认可与否的重要体现，也是以消费促进产业升级的关键。以冰雪旅游服务供给过程为例，市场竞争促进多样化与高质量的产品服务形成，在产业链层面，多样化与高质量的产品服务可强化冰雪旅游产业的链条作用，从而更容易刺激和扩大消费群体，吸引其他投资主体进入，加速冰雪旅游产业成长。由此，后冬奥时代冰雪旅游产业对大众消费增长的依赖程度日益加深。另一方面，我国冰雪旅游产业具有一定的后发优势，对相关产业的融合作用显著，通过冰雪旅游产业与其他产业深度融合的过程，尤其是组合型产品服务融合供给的特征能够较好地丰富人民群众多元化的消费需求。在冰雪运动快速普及并逐渐向有效需求转化的形势下，冰雪旅游产业提质升级不再局限于自身，还将辐射到其他产业，促进其发展。简言之，后冬奥时代，冰雪旅游产业提质升级不仅是产业自身的高质量发展，同时也关联产业间相互促进形成的产业联动，这是后冬奥时代对冰雪旅游产业融合发展的微观需求。

1.4.4 环境载体：冰雪旅游环境

随着北京冬奥会的成功举办，冰雪旅游产业迎来发展的高峰期，客流量增大对旅游地的环境承载力也是一大考验，冰雪旅游地环境问题愈发受到关注。影响区域冰雪旅游生态环境可持续发展的因素主要包括以下两方面：一是外部环境，冰雪旅游作为一种以环境为依托的产业，其高质量以及可持续发展的前提是有良好的生态环境，促进冰雪旅游业发展的第一要义是对当地冰雪生态以及地缘地貌的妥善维护；二是相关人员的行为，旅游业的从业者和旅游者在生态环境保护方面应该积极负责且主动维护，担当起冰雪旅游生态环境保护者角色，从而实现主体行为促进冰雪生态旅游的可持续发展。

保护冰雪旅游环境也是践行习近平总书记提出的“冰天雪地也是金山银山”重要论述的有效行动，既要追求经济效益，也要将生态环境的保护放在同等重要的位置。从冰雪场馆经营者和管理者角度，要积极建设和开展环境友好型的冰雪旅游设施设备和娱乐活动，营造冰雪旅游业可持续发展的环境；从游客和消费者角度，需要树立保护生态环境的理念，在游玩过程中确保做到节约能源、减少污染，出行方式上多选择公共交通等绿色低碳出行方式，积极参与到冰雪旅游的可持续发展过程中。冰雪旅游的各类规划均要遵循可持续发展原则，统筹科学保护与合理利用，坚持生态环境优先，尽量减少对景观资源和生物多样性的不利影响。北京冬奥会中绿色办奥的理念为冰雪旅游绿色可持续发展提供了重要参照，例如在节水方面，赛区生活污水将全部输送至污水处理站，由其处理后生成的再生水，可用于赛区核心区的绿化、冲厕等，有效减少新水使用量。此外，“余出”的再生水还将通过综合管廊里的退水管线向外输送，回补水库坝下的自然河流。除供水功能之外，塘坝可利用本区域的自然沟渠将融雪水和雨水汇入坝内，一方面用来浇灌赛区植被，另一方面为来年造雪作准备。各区域滑雪场应该学习北京冬奥会绿色营运的理念，将绿色作为冰雪旅游发展的底色，保护与利用并重，以实现滑雪场社会和经济效益的双赢。

良好的生态环境是冰雪旅游发展的前提，冰雪旅游环境满意度对冰雪旅游体验的总体评价有重要影响。冰雪资源开发与环境保护理应保持协调发展与良性循环，这也是冰雪经济得以持续发展的基础条件。因此，在促进冰雪旅游发展的同时务必严格进行环境保护，实现冰雪资源开发与环境保护的协调发展。

第 2 章

冰雪旅游研究的理论基础

2.1 冰雪旅游与产业融合

2.1.1 产业融合理论

产业融合最初是由产业合并而引申出来的概念。在社会大分工背景下诸多产业经历了职业的细分，重新确立了各自的边界。但随着社会发展和科技的进步以及大众需求的多样化，原先界限分明的产业间出现了跨界融合的现象，这些产业在不同领域、不同行业、不同层面实现相互联系、相互融合，共同创造价值。产业之间的融合丰富了原有产业的内容，拓宽了原有产业的渠道，产业融合现象越来越受到理论界和产业界的共同关注。

（1）产业融合的概念

国外产业融合的思想最早源于美国学者Rosenberg（1963），他指出技术创新模糊了产业边界，促使产业融合。1978年，Negrouponte用一张图描述了三个不同产业的技术边界，认为三个圆圈交叉处最具备创新性与发展潜力。初期关于产业融合的研究以计算机和通信领域间的技术融合研究为主，即计算机、通信和广播电视业的融合，逐步扩展到制造业、服务业及新兴产业。欧洲委员会在1997年发表的绿皮书中认为，融合是“产业联盟和合并、技术网络平台和市场等三个角度的融合”。Yoffie（1997）认为融合是指通过数字技术使原本各自独立的产品之间产生了融合。Malhotra（2001）认为产业融合是指过去各自独立的产业之间的企业成为相互的竞争对手时所产生的产业行为。日本学者植草益（2001）从动因的角度把“产业融合”定义为通过技术革新和放宽限制来降低行业间壁垒，加强各行业企业间的竞争合作关系，并提出产业融合不仅出现在信息通信业，其他行业譬如金融业、能源业、运输业的产业融合也在加速之中。Lind（2005）更是认为“融合无处不在”，并认为“融合是常见的一种汇合和合并，跨市场和产业边界进入壁垒的消除”。

国内学者对于产业融合的研究，更多的是借鉴国外学者的观点来关注中国产业发展现象。

张磊（2001）沿用美国学者Greenstein和Khanna的定义，认为产业融合是以数字融合为基础，为了适应产业增长而发生的产业边界的收缩或消失，并将互联网看成是计算机、通信和广播电视业融合的标志。周振华（2003）指出，“产业融合”（Convergence）是在信息化进程中发生的一种新经济现象，随着信息技术的发展及广泛运用，特别是互联网的形成与成熟，产业融合现象首先在电信、广播、电视和出版部门出现，形成了原有固定化产业边界的模糊与消失，取而代之的是多产业的融合现象。马健（2002）认为，由于技术进步和放松管制而发生的技术融合，改变了原有产业产品的特征和市场需求，这就导致企业之间的竞争合作关系发生改变，最终使得产业边界模糊化甚至产业界限重划。吴少平（2021）认为，产业融合是各相关产业在整体格局中保持相对协调性和内在成长性的动态过程。厉无畏（2022）提出，产业融合是指不同产业之间或同一产业内的不同行业经过相互渗透、相互交叉而逐渐形成新产业的动态发展过程。聂子龙、李浩（2007）认为，所谓产业融合是指不同产业或同一产业内的不同行业相互渗透、相互交叉，最终融为一体，逐步形成新产业的动态发展过程；同时在这一过程中还会发生既有产业的退化、萎缩乃至消失的现象；产业融合不是几个产业的简单叠加，而是新产业与传统产业的融合。

从上述对“产业融合”这一范畴的众多界定中可以看出，虽然学者们各有侧重，但本质上看来，其实他们都基于一个共同认识：产业融合是一种全新的经济现象；产业融合的发展态势已广泛影响到世界产业的走向，并必将重塑全球产业的结构形态。随着对产业融合理论研究的不断深入，到目前为止对产业融合的定义也形成了较为统一的观点，即产业融合是不同产业或同一产业内不同细分行业间逐渐扩展延伸、渗透融合，从而形成新产业的过程。

（2）产业融合的类型

分类是进行理论研究的基础，科学的分类有助于研究目标的实现。在对产业融合进行研究的过程中，许多学者根据不同的研究目的分别从市场、技术、产品、产业、融合的程度等视角对产业融合现象进行了分类。美国学者Pennings和Puranam（2001）将产业融合分为两大类：需求型产业融合和供给型产业融合。需求型产业融合是指社会经济状况相似性、消费者偏好形成跨产业需求、多种产品联合使用的相互补充、政府规制放松等因素驱动的产业融合；供给型产业融合则是指技术创新驱动的产业融合，主要有技术替代融合与技术整合融合或互补融合。我国学者胡汉辉（2002）按照产业融合的实现方式将产业融合分为产业渗透、产业交叉和产业重组。产业渗透更多的是指科技产业与传统产业之间的渗透、融合；产业交叉通常是产业之间相互延伸实现功能互补的融合；产业重组是某一大类产业内部的下游产业或子产业之间的融合。

（3）产业融合的意义

产业融合对于产业的转型、演化和升级具有重要意义。产业融合是产业在动态、变化发展的产业环境中所作出的适应性选择，是由产业发展的内部需求而产生的融合，再通过外部环境的调适和促进，进一步促进产业优化发展，因此，产业融合更强调自发性。虽然产业融合作为新兴的产业发展形式还存在一些问题，但它对相关产业发展的影响更多是积极和正面的，产业融合所产生的意义包括以下三个方面：

第一，产业融合有助于产业结构的高度化发展。产业结构高度化是指产业重点在第一、二及第三产业之间依次转移，劳动要素、资金要素、技术要素、知识要素等各种要素密度的顺次转移。这种产业结构的高度化发展往往会导致不同产业部门在产值、人员、收入比例上的变动。从传统产业来说，新技术产业的渗透和延伸可以为其注入新的价值增长点，延长生命周期，使产业自身焕发新的活力。产业融合的创新本质为传统产业引入了新的生产要素，构建新的生产函数，它以一种新的形式，为传统产业的升级发展带来了新的增长方式，为产业结构的高度化发展带来了新的内容，同时也推进了传统产业中高科技成分和服务要素的含量，这一点是符合产业结构高度化发展趋势的。

第二，产业融合能创造具有竞争力的新业态。产业融合实现了单个或多种产业价值链的融合，使系统内或者多个原本分离的产业通过协作形成了新业态、新模式、新产品和新的价值链。而通过产业融合而产生的新产品，不但承接了原有产品的功能、性质和价值，还进一步提升了原有产品的功能属性和价值属性，可以满足人们综合化、多样化的需求。产业融合孕育的新业态也可以有较大的发展空间和获取高额利润的可能。

第三，产业融合促进了资源的有效配置。产业融合对资源要素的合理配置也具有显著作用，为传统产业提供了与新兴产业进行资源共享的机会和可能。产业分化不断呈现细化、深化的趋势，决定了单个企业不可能占据所属产业生态中所有制高点和生态位，它必须做出选择和取舍，现代产业发展特点决定产业之间逐渐由分立走向融合，使得产业边界变得模糊化或消失，这样的过程为产业资源发展要素的有效配置提供了更为广阔的合理空间。

2.1.2 冰雪旅游产业融合

当前，冰雪旅游已被行业和学术界公认为是冰雪产业与旅游产业渗透交叉而逐步形成的一种新兴产业融合发展模式，从产业实践的角度来看，冰雪旅游产业为旅游产业带来了全新动能，进一步激活了旅游产业的存量资源，拓展了旅游产业的增量投资，转变了“链接”关系。冰雪旅游产业的融合，一方面满足了大众旅游市场不断升级的消费需求；另一方面也提高了冰雪产业和旅游产业人力、物力上的经济效益。冰雪旅游产业与各关联产业的高度融合模糊了产业边界、破除了产业壁垒、加速了产业要素的流动与配置，从多产业、多维度促进了冰雪旅游消费价值溢出和体验功能升级。

在旅游业态不断优化升级的过程中，冰雪旅游产业的融合发展也受到学术界的重点关注，产业融合理论为冰雪旅游产业提供了新的研究视角，当前该主题研究分为两方面：一方面是冰雪产业与旅游产业融合发展，李在军（2021）提出融合发展面临“为什么融合”和“怎样融合”两个问题，总结出融合过程中开放性、非平衡性、非线性和涨落性特征，指出从技术、产品、企业和市场融合四种路径进行产业融合的必要性；张丽梅等（2022）提出从地域特色、产业发展、人才培育三方面进行文化渗透，以实现冰雪旅游产业融合发展之目标。另一方面是冰雪旅游产业与其他关联产业的融合发展，冰雪旅游与体育、地理、文化等领域有极强的关联性，陆丰刚等（2018）综合分析了冰雪旅游产业集群网络，提出冰雪旅游过程中存在信息不对称问题，并且从利益机制、监督体系、产业多元化、区域旅游合作等方面提出建议对策；互联网的迅猛发展使学者开始关注“互联网+”融合发展，刘国民等（2019）从供给层、需求层和管理层三方面，提出启动“互联网+冰雪旅游”创新工程的重要性；陈玉萍等（2021）基于网络搜索指数对产业发展、游客人数进行预测分析，给中国冰雪旅游市场与互联网的融合发展带来启示。

2.2 冰雪旅游空间结构

2.2.1 旅游空间结构理论

（1）旅游系统理论

旅游系统理论来源于系统理论，Bertalanffv（1968）把系统定义为“处于一定的相互关系中并与环境发生联系的各组成部分（要素）的集合”。该理论最早应用到生物学研究中，后来逐渐渗透到了各学科和实际工作中。作为一种基础理论，它强调了事物之间的相互作用、相互联系，抓住了事物的主要结构与功能，揭示了事物的动态特征，可以预示事物演变方向与强度。旅游研究具有较强的综合性，系统论对旅游研究具有重要的指导意义。

旅游系统自提出以来，学者就对其概念和内涵进行定义和解释，形成了多种不同的观点，并从不同角度提出了相应的旅游系统模型。在国外学者看来，旅游系统由需求和供给两个部分构成，各部分又由不同要素组成。Gunn（1972）认为旅游功能系统是由相互作用的旅游吸引物、服务、交通、促销和旅游者五个要素构成的；Leiper（1979）提出了O-D旅游地理模型（Origin Destination Pairs），认为旅游通道将客源地和目的地连接起来就组成一个旅游系统。国内学者基于国外学者的观点，也从不同的视角对旅游系统进行了定义阐述。吴必虎（2017）认为“旅游活动实际上是一个系统”，由客源市场、目的地、支持系统和出游系统组成；刘峰（2014）认为“旅游系统是指直接参与旅游活动的各个因子相互依托、相互制约形成的一个开放的有机系统”。

（2）社会网络理论

社会网络理论（Social Network Analysis，SNA）有着源远的历史，20世纪30年代早期的心理学、人类学和数学等几个不同的学科为其提供了理论背景。社会网络分析是综合运用图论、数学模型来研究行动者与行动者、行动者与其所处社会网络，以及一个社会网络与另一社会网络之间关系的一种结构分析方法。在这个定义中的“行动者”，或称“节点”，可以是一个个体，也可以是一个群体、一个组织，甚至是一个国家，这些行动者及其间的关系就构成了社会网络（Socia Network）。

梅奥的霍桑实验（发现了非正式组织）最早采用社会群体对企业组织进行社会网络研究。人类学家拉德克利夫·布朗（Radcliffe Brown）在1940年曾使用“社会关系网络”（Network of Social Relations）一词来描绘社会结构。布朗的网络概念与现代意义上的社会网络分析是有所不同的，他用网络概念说明社会结构只是一种形象的比喻。在分析社会的网络结构上做出重要贡献的是德国社会学家、哲学家格奥尔格·齐美尔（Simmel Georg，1955），他研究了群体中的个体行为，认为不同的网络影响人的行为。

美国斯坦福大学社会学系教授马克·格兰诺维特（Mark Granovetter）是社会关系网络理论的最主要推动者，他在社会网络理论上的主要贡献是提出了“弱连带优势”（The Strength of Weak Ties）（1973）和“镶嵌问题”（Embeddedness）（1985）。

社会网络理论最早应用于社会学研究，后来迅速扩展到其他领域，如管理学（Borgatti和Cross，2003；Cross，Parker，Prusak和

Borgatti，2001；Sparrowe，Liden，Wayne 和 Kraimer，2001；Tichy，Tushman 和 Fombrun，1979）、人类学（Avenarius，2002；Goodreau，Goicochea 和 Sanchez，2005；Hage 和 Harary，1983；Johnson，1994；Sanjek，1974）、政治学（Bae 和 Choi，2000；Brandes，Raab 和 Wagner，2001；Kinsell，2004；Koke，1990；March，1955）、心理学（Callan，1993；Gottlieb，1981；Koehly 和 Shivy，1998；Rapoport，1963；Seidman，1985；Toshio 和 Cook，1993）等。国内最早使用社会网络分析的是黄希庭（1984）对大学生人际关系进行的心理学研究。其后，肖冬平（2011）以社会网络等理论为指导，将知识网络结构特征、合作伙伴关系、知识创新三者相结合，从网络密度、节点中心性、网络中心度、聚集系数、派系或群落、结构洞等方面对知识网络的结构特征进行了分析，探讨了结构特征对组织间合作伙伴关系质量的影响，以及二者对企业知识创新能力的影响。代吉林、李新春、张书军（2003）提出了一个集群企业网络、知识获取、组织学习、模仿创新与绩效关系的概念模型，并通过问卷调查的实证研究方法对概念模型进行了检验。任义科、杜海峰、陈盈晖（2011）利用深圳市的调查数据，分析了农民工社会支持网络和社会讨论网络的微观、中观和宏观结构，以及综合三种层次结构的复杂网络模型，探讨了农民工社会关系的深层次结构特点、农民工的社会融合问题。

冰雪旅游的核心是旅游者及他们之间关系的集合，冰雪旅游社会网络是由多个点（社会行动者）和各点之间的连线（行动者之间的关系）组成的集合。这些行动者之间不是彼此孤立存在的，而是相互联系、相互依赖的，因此使得行动者之间存在多种多样的关系，这种关系既可以是同伴关系、主客关系，也可能是经济文化往来关系。社会网络理论认为，通过建立行动者之间的关系模型，然后用量化语言对模型结构进行描述，从而研究这些结构对整体的群体功能或群体内部个体的影响。因此，社会网络理论分析问题的理论视角主要聚焦于行动者之间的关系和关系模式，这也是未来对冰雪旅游持续深入研究所关注的重点方向之一。

2.2.2 冰雪旅游空间结构

（1）冰雪旅游动力系统

冰雪旅游动力系统是一个复杂的体系，从系统论观点来看，动力系统是非线性、动态、高阶的，而且具有多重反馈结构，冰雪旅游动力系统由资源、经济、文化和环境4个子系统组成，每个子系统执行不同的职能，同时相互影响和联系（如图2-1所示）。冰雪资源的合理利用在促进区域经济发展的同时，会使文化水平和环境条件得到相应的提升和改善；同样，高水平的文化或者良好的生态环境同样会对其他两方面起到良好的促进作用。其中，冰雪旅游资源动力子系统是基础，对冰雪旅游业发展起到推动作用；冰雪旅游经济动力子系统、冰雪旅游文化动力子系统、冰雪旅游环境动力子系统是条件，对冰雪旅游业发展起到拉动作用。

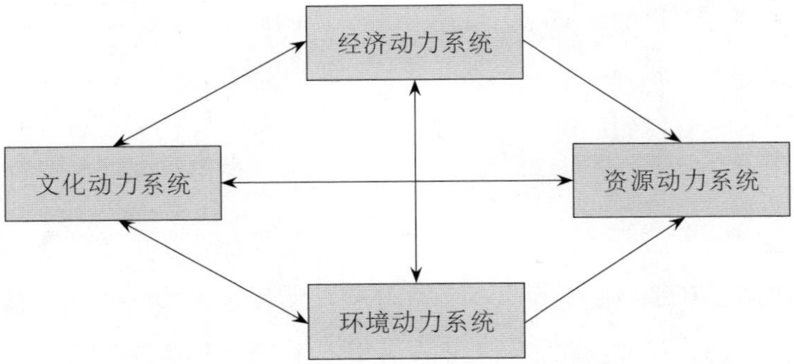

图2-1 冰雪旅游动力系统关联图

冰雪旅游在发展过程中，涉及“食、住、行、游、娱、购”六大领域，六大领域所涉及的企业、行业的良性互动、均衡发展会促进冰雪旅游规模经济效益提升。交通运输业、文化产业、通信业、会展业、工业、农业、休闲娱乐业等都与冰雪旅游业有着较强关联性，相关产业发展推动冰雪旅游业发展，而冰雪旅游业发展也会带动相关产业发展，相互作用明显且有效性较强。冰雪旅游资源是冰雪旅游业发展的核心动力。不同地域不同类型的天然冰雪资源和后天技术水平的不断提高，共同构成了冰雪旅游资源多种类、多形式、多层次的特点。对于现有冰雪旅游资源的利用，要依靠冰雪旅游企业、政府、艺术团体等方面的支持，以促进冰雪旅游资源价值实现。人力资源是冰雪旅游业发展的拉动力量。充沛的储备人才是冰雪旅游资源价值得以体现的基础，只有这样旅游者和旅游企业才能真正实现有效沟通，冰雪旅游业才能真正得以发展。服务设施是冰雪旅游业发展的竞争动力。冰雪旅游景区基础设施配备不完善，旅游设施不配套，档次不高，都会影响冰雪旅游业发展。市场需求是冰雪旅游业发展的驱动力。市场需求是冰雪旅游业发展的重要外部因素，冰雪旅游企业是冰雪旅游业发展的核心，消费者的产品需求决定冰雪旅游企业的生存环境。政府的支持对区域冰雪旅游业的发展会产生极大的促进作用，同时政府的监管也能保障冰雪旅游业发展中的质量问题。

（2）冰雪旅游目的地结构

冰雪旅游目的地对天文气候有着特殊的要求，因此往往在地理位置上和空间分布结构上存在集聚和分散的特点。在国内冰雪旅游业发展初期，以滑雪场为代表的冰雪旅游目的地发展遭遇了恶性竞争、供求不平衡、环境威胁等问题，自此冰雪旅游目的地如何在现实基础上进行规划与发展成为时下研究的一项重要议题。相关学者多从宏观角度出发，采用定性分析方法，以问卷调查为辅进行研究。阚军常等提出在科学规划和科技支持的同时，也要清楚认识到人才培养、组织管理的重要性；叶茂盛等聚焦于产业集聚视角，探析法国滑雪场发展特征，提出打破固有边界，鼓励社会各界参与冰雪旅游产业发展；张瑞林等在旅游地生命周期理论的基础上，提出冰雪旅游可持续发展理念。其中东北地区凭借其独特的环境气候、森林植被、冰雪质量广受学界关注，学者们从资源整合、发展模式、产业链升级等多维度多视角进行探讨，取得了一定的成效。

2.3 冰雪旅游行为理论

2.3.1 具身体验理论

（1）具身理论的溯源与兴起

“具身”作为心理学的热门话题，最早起源于哲学关于“身体”的讨论，在德国哲学家海德格尔与法国身体现象学代表人物梅洛-庞蒂的思想的影响下，身体成为现代西方哲学的研究主题，促使了哲学领域的“身体转向”。具身理论最初仅仅是关于身心关系问题的哲学思辨，但是近些年，具身理论已从心理学发源并不断扩充其研究领域，现已应用到经济学、教育学、管理学等领域，也成为旅游领域研究的一个重要视角。

在旅游领域中，学者Urry（1990）提出的旅游凝视理论凸显了旅游者视觉在旅游体验研究中的重要意义。随着旅游理论研究的不断深入，学者们发现旅游者的旅游体验是由身体的多感官交互而成的，身体本身在旅游体验中的核心地位被逐渐挖掘出来。Veijola于1994年将具身理论这一学术概念引入旅游领域，开创了旅游领域新的研究范式。国内最早提出旅游体验研究的学者为谢彦君（2016），他提出了“旅游即体验，体验须具身”这一论断，承认了具身理论的范式地位。

(2) 具身理论的内涵

具身理论反映了身体、感知与情境三者之间的整体关系及个体之间的互动关系。首先，身体、感知、情境形成了一个完整的循环系统；其次，感知依赖于身体体验，而这些体验来自感知者运动过程中的身体；最后，个体的感知运动能力自身内含在一个更广泛的生理、心理和文化的情境之中（如图2-2所示）。旅游研究中的具身理论则是强调旅游者身体与旅游要素、环境及活动间的互动关系，关注在特定时空以及身体限制条件下旅游者体验与其他要素间的协同关系和影响机制。

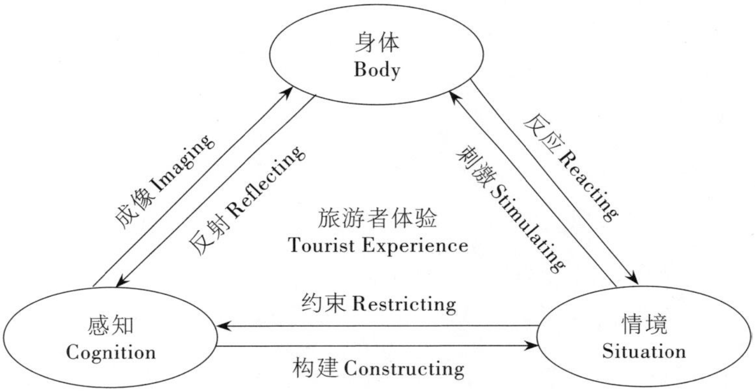

图2-2 具身理论模型

目前旅游领域中关于具身体验的研究可以分成三类。第一类是理论层面研究，探讨旅游者身体作为“存在”主体的意义与价值，以解决旅游研究中的“身体缺失”的问题；第二类是旅游者具身表征性研究，探讨生物变量对于旅游行为、体验的限制和影响；第三类是系统性研究，通过实验方法，应用具身研究技术，探讨旅游者身心交互关系的规律。具身理论认为人类认知深植于身体与世界的互动过程中，也为理解人类体验的形成机制提供了新视角。

2.3.2 畅爽体验

（1）畅爽体验的溯源与内涵

畅爽体验（Flow Experience）是来自心理学领域的概念。最早Csikszentmihalyi（1975）发现一些自身目的性非常强的活动（音乐、攀岩、跳舞、国际象棋、外科手术等）的参与者能够持续不断且不厌倦地投入其中，通过对参与者的访谈了解到他们在参与活动过程中获得了一种令本人十分愉悦的情绪体验，并用“Flow”一词表示这种感觉自然而然且源源不断地出现，据此他提出了“Flow Experience”这一心理学概念。国内学者将其翻译为畅爽体验，也有学者根据自身研究需要将其译为流畅体验、沉浸体验或心流体验。

关于畅爽体验的内涵，学者们主要通过描述人们处于畅爽体验时的状态和表现来定义。Csikszentmihalyi将畅爽体验定义为：当人们参与具有一定挑战性但有能力完成的任务时所获得的一种特殊的心理体验。Privette（1983）认为，畅爽体验是一种内在愉悦的体验，与马斯洛提出的高峰体验（Peak Experience）及Privette提出的高峰表现（Peak Performance）相似。Ghani（2004）认为，畅爽体验在个体的技能与活动挑战平衡时产生，“技能”是个体在参与活动时所具有的应对能力，“挑战”是应对具体任务的艰巨性。

（2）畅爽体验的划分维度

Csikszentmihalyi（1993）将处于畅爽体验状态的个体进行了总结，发现他们都有以下9个共同特征：技能-挑战平衡、明确的目标、清晰的反馈、个人注意力高度集中、感知控制力、行动与意识融合、失去自我意识、时间感的变化、自身有目的的体验。不同的学者对其划分的9个特征进行了不同的理解和探讨，Novak Hoffman和Yung将9个特征归纳为前因-特征-结果三部分，Chen、Wigand和Nilan则将这三部分认为是心流产生的前因、体验和后果阶段。除此以外，Jackson和Marsh还根据这9个特征构建了测量畅爽状态的量表，以测量人们在参与相应活动中的畅爽体验。

（3）畅爽体验的理论模型

畅爽体验的理论模型最早是由Csikszentmihalyi根据技能-挑战这两个重要因素的高低组合提出的三通道模型，只有当技能和挑战平衡时参与者才会有畅爽体验，否则会由于技能或挑战所占比重较大，而出现乏味和忧虑的状态。随着研究的不断深入，Massimini发现，当技能和挑战处于平衡状态但水平较低时参与者也不会出现畅爽体验，而表现为冷漠。因此，在三通道模型中增加了“冷漠”这一状态形成了四通道模型（如图2-3所示）。

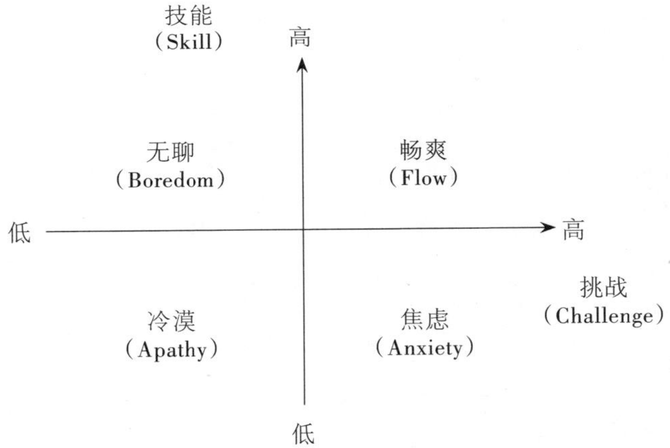

图2-3　四通道畅爽体验模型

此后，国内外学者不断地对畅爽体验的理论模型进行补充和完善，出现了八通道模型、九通道模型等其他一些模型。但应用最多的仍为四通道模型，相比三通道模型更具普遍性；相比其他更细维度的划分，四通道模型中畅爽体验的占比更高。因此，在相关研究中更倾向于对四通道模型的应用。

2.3.3 冰雪旅游体验

冰雪旅游作为一种新兴的旅游产品，越来越受到学者们的关注，冰雪旅游体验的研究也逐渐成为热门话题之一，国外在这方面的研究主要聚焦于对滑雪旅游者的研究。一方面，学者们采用定量研究的方法，探讨积极情绪、拥挤感知等相关变量对滑雪旅游满意度的影响。Lee等人探讨了滑雪体验中的愉悦、心流和参与度对满意度的影响。Pikkemaa等人讨论了拥挤对滑雪体验的影响，发现个人技能水平和其他滑雪者的行为在拥挤和满意度中起着调节作用。另一方面，也有学者采用定性研究的方法，探讨滑雪体验的内涵以及如何营造积极的滑雪旅游体验。基于访谈和参与式观察，Arild等人探讨了导游如何与游客互动以创造积极的滑雪旅游体验，并发现导游可以通过利用他们的知识，以最小化接触风险的方式，有效组织趣味体验活动、拓展服务领域，并同步提升安全管理和组织能力。Ke等根据携程网的评论，用扎根理论分析了滑雪旅游体验，发现滑雪旅游体验线索主要由三个核心类别组成：时间轴、接触区域和接受者。Mirehie和Gibson从积极心理学的角度探讨了女性游客的滑雪体验和幸福感，通过扎根理论构建了幸福感的框架，包括积极情绪、参与度、关系、意义和成就感五个维度。

在滑雪旅游体验研究中，基于感知价值的研究近年来受到学者们的青睐。Berbeka探究了滑雪者选择北极作为滑雪目的地的动机、体验和价值，发现北极滑雪体验的价值主要包括三个方面：与自然相关的价值（美丽、荒野和偏远）、与滑雪相关的价值（未受污染的粉雪和独立的小径）以及与其他参与者建立联系的价值（参与者的相互帮助加强了团队联系）。Bonnefoy-Claudet和Ghantous讨论了滑雪旅游体验中情绪、感知价值和满意度之间的关系，发现整体感知价值在情绪和满意度之间起着中介作用。最近的研究引入了多维结构探索滑雪游客感知价值。Wen通过探索性因素分析发现，滑雪游客的感知价值包括五个维度：感知服务质量、感知设施质量、便利性价值、感知价格和社会情感价值。借鉴现有量表（SERV-PERV AL），Sato等将滑雪游客的感知价值分为质量、情绪反应、货币价格、行为价格和目的地声誉五个维度，并进一步探讨了感知价值的影响关乎游客的忠诚度。Lu等则从感知收益和感知损失的角度将滑雪游客的感知价值分为五个维度：感知设施质量、感知服务质量、感知情感价值、感知货币成本和感知非货币成本。

旅游体验作为国内旅游研究中的重要内容，在旅游研究的其他主题中得到充分关注。冰雪旅游虽然是典型的以体验为主的旅游类型，但聚焦于冰雪旅游体验的研究相对较少。经过梳理发现，国内现有研究的基本主线是通过提高冰雪旅游目的地游客的体验价值，进而提升游客的满意度和忠诚度。具体来说，就是结合目的地冰雪旅游资源现状，从旅游者和供给侧的角度对冰雪旅游目的地转型升级提出体验方面的建议，从而提升冰雪旅游目的地的满意度和忠诚度。赵宏波、刘欢、程颖等在体验经济背景下，结合冰雪旅游资源现状，分别为吉林、沈阳和五大连池景区的冰雪旅游发展提出建议。徐晓从感知价值视角入手，将滑雪旅游者划分为舒适享受型、价格敏感型和注重安全型三种类型，为企业营销策略的制定提供了参考依据。除此以外，学者们还采用质性研究方法对冰雪旅游目的地进行研究。柯营营等对四家滑雪场以分析访谈文本资料进行扎根理论研究，最后抽象出时间轴-接触区-接收者的滑雪体验线。彭远香等通过对旅游部门和滑雪企业负责人访谈资料的扎根理论分析，从供给侧的角度分析滑雪场经营要素，并在体验经济的概念下提出促进冰雪旅游黏性消费的关键是为游客提供难忘的冰雪旅游体验和回忆场景。

在体验经济时代，服务业的价值共创越来越受到关注，旅游业从单一依靠消费者创造价值逐渐转向为消费者和生产者共创价值。仅依靠供给方已不能满足游客的全部需求，因此作为冰雪旅游价值创造主体的游客，在享受冰雪旅游带来的美好生活体验的同时，将自身的知识和经历与产品设计、服务等相联结，并在社交平台上个性化表达体验感受，为冰雪旅游景区甚至城市服务质量的提升提供思路，对冰雪旅游资源开发以及目的地为游客提供难忘的旅游体验具有指导性意义。

2.4 冰雪旅游与可持续发展

2.4.1 可持续发展理论

20世纪以来，全球的经济发展观经历了从“增长理论”到“发展理论”再到“可持续发展理论”的重大转变，当前，全球主要经济体的发展共识是不再单一地追求经济增长，而是包括经济、环境和社会发展的整体过程。自1987年联合国发布《我们共同的未来》明确提出“可持续发展”这一概念以来，经过1992年发布的《21世纪议程》到2015年发布的《变革我们的世界：2030年可持续发展议程》，可持续发展的概念内涵不断丰富，但其核心一直是强调经济、社会文化、环境三条发展底线。

全球可持续发展理论的建立与完善，一直沿着四个主要的方向去确立其目标和实质，力图把当前与后代、区域与全球、时间与空间、发展与环境、效率与公平等有机地统一起来。经济学方向的可持续发展，一直把“科技进步贡献率抵消或克服投资边际效益递减率”，作为衡量可持续发展的重要指标和基本手段。社会学方向的可持续发展，一直把“经济效率与社会公平取得合理平衡”，作为可持续发展的重要判据和基本诉求。生态学方向的可持续发展，一直把“环境承载力与经济发展之间取得合理平衡”，作为可持续发展的重要指标和基本原则。中国在可持续发展方面的理论体系，有着自己独特的思考，即在吸取上述三个主要研究方向的基础上，开创了可持续发展的第四个方向——系统学方向：它是将可持续发展作为“自然、经济、社会”复杂系统的运行轨迹，以综合协同的观点，探索可持续发展的本源和演化规律，将其“发展度、协调度、持续度在系统内的逻辑自洽”作为可持续发展理论的中心思考，有序地演绎了可持续发展的时空耦合规则并揭示出各要素之间互相制约、互相作用的关系，建立了“人与自然”关系、“人与人”关系的统一解释基础。

2.4.2 旅游可持续发展

1989年4月，各国议会旅游大会在荷兰海牙举办，大会第一次明确提出旅游可持续发展的倡议。而后，世界旅游组织、世界旅游理事会与地球理事会在1997年联合发布了《关于旅游业的21世纪议程》，旅游可持续发展在全球范围内进入实践阶段。2004年，世界旅游组织颁布三项标准来监测旅游可持续发展：①将“最优化利用环境资源”作为旅游发展的核心，维系基本的生态过程并保护自然遗产和生物多样性；②尊重当地社区社会文化原真性，保护他们所构建的物质和非物质文化遗产及其传统价值，并促进文化间的理解与包容；③确定长期、可行的经济运作模式，保障社会经济利益在所有利益相关者中公平分配，包括提供稳定的就业和赚取收入的机会，为当地社区提供社会服务，并帮助扶贫。

旅游可持续发展问题也日益成为国内外众多学者所关注的重要议

题，Pamela Wight（1998）提出以环境、社会、经济三大目标，对可持续旅游的环境容量、社会容量、物质设备承载力等方面的可持续发展能力进行评价分析。Tae Gyou Ko（2005）从生态与人文两个方面，构建了4+4共8个系统对旅游目的地的可持续发展指标进行了分析评价。金波（1999）基于旅游经济、社会文化、生态环境三大范畴对旅游地的可持续发展指标体系进行了初步研究。曾珍香（2000）系统阐释了旅游可持续发展系统的概念，就系统的目标、结构、特征进行了全面分析与探讨，提出了能力评价与状态评价双指标体系的评价方法。王良健（2001）提出了较为完整的旅游可持续发展评价指标体系，并建立了综合评价的多目标线性加权函数模型。金准（2004）在该指标体系的基础上，增加了人为因素的分析，进行了多目标体系的优化。王友明（2011）构建了城市旅游可持续发展评价的指标体系，从旅游资源、社会经济、环境、管理等范畴确定指标，并对苏南5市进行了实证研究。王庆生（2017）以8个维度46个指标的评价模型对天津“五大道”进行了旅游可持续发展的评估。

当前，旅游可持续发展的目标更加关注政治、经济、文化、社会和生态发展，更加关注人类社会活动的发展困境与未来，更加强调人的中心地位，更加重视以人类福祉作为衡量旅游发展的根本标准和尺度，强调旅游发展的长期性和公平性，坚持旅游发展的社会包容性，突出旅游可持续发展在推动全球文化交流与缩小地区不平衡方面的作用，将社会公正、环境危机、社会福祉、文化价值、治理能力等问题逐渐纳入旅游可持续发展的议程之中。

2.4.3 冰雪旅游可持续发展

自2015年北京获得第24届冬奥会举办权以来，中国政府制定了多项政策，积极吸引大众参与冰雪运动和冰雪旅游，相关企业也从政策中寻觅商机，创建了多种类型的冰雪旅游项目，开发了多样化的冰雪旅游景区。在北京冬奥会的赛事驱动和国家政策的助推下，中国冰雪旅游消费需求呈现井喷式发展，截至2022年底，国内已有3.46亿人次参与冰雪运动。供给侧方面，在奥运周期内国内新建和改造的冰雪场馆数量众多，中国已经成为世界上滑雪场最多的国家，中国的冰雪旅游正迸发出强大的生命力，中国冰雪产业进入了前所未有的黄金发展期。但考虑到冰雪旅游资源开发利用时间短、进程快，在规划、开发、管理等方面存在不少不足。因此，如何高效利用冰雪资源，提高冰雪旅游可持续发展能力，实现冰雪旅游高质量发展已成为当前首要发展目标。

冰雪旅游资源的大力开发对于目的地是一把双刃剑，一方面，冰雪旅游发展会带来地区经济增长，延长旅游产业链条，扩大消费和增加就业；另一方面，冰雪旅游对于自然环境的强依赖性势必会对自然、文化、社会资源造成一定程度的压力。中国冰雪旅游因其丰富的冰雪资源而拥有多种类型的冰雪旅游产品，冰雪旅游目的地也逐渐遍布全国，但同时也暴露出前期规划不足、后期跟进不力等问题。冰雪资源作为一种生态脆弱的旅游资源，受外部环境的影响较大，因此，冰雪旅游发展的每一步都值得高度重视。就“冰资源”而言，全球变暖正在加速冰川的融化，粗放型的旅游开发对冰川旅游目的地是致命的，合理开发冰雪资源是冰雪旅游目的地可持续发展的基础。

国内相关学者对冰雪旅游目的地也展开研究，宋昌耀等（2022）以1985—2021年中国冰雪旅游企业数据为基础，运用产业集群识别和产业相关性分析方法，对全国冰雪产业集群进行了深入分析，确定了京津冀、东北、长江三角洲、珠三角、成渝和新疆六大产业集群，在此基础上，对冰雪旅游产业集群的特征及影响因素进行了评价。吴丽云等（2022）认为滑雪旅游是冰雪旅游发展的核心，以京津冀地区

117个滑雪场为研究对象，通过核密度、空间自相关等地理空间分析方法，探讨了滑雪场的时空分布格局，进一步深入挖掘了京津冀地区滑雪场分布的影响因素，发现京津冀地区滑雪场分布的演变呈现出明显的奥运事件驱动特征，这也意味着其受政策的影响较大。虞虎等（2022）选取区域旅游资源、冰川自然环境、服务支持和市场需求四个因素，构建了中国西藏地区冰雪资源开发的适宜性评价模型。

2022年北京冬奥会激发了公众对于冰雪旅游的热情，而在后冬奥时期，能否继续保持冬奥会热情，重振冬奥会遗产备受关注。冰雪旅游所特有的生态、运动、休闲等特性与公众健康生活观念高度一致，这将有助于冰雪旅游成为中国大众的冬季休闲方式之一，也将助力中国冰雪旅游的健康、可持续发展。

第3章

发达国家冰雪旅游发展的案例分析

3.1 北欧国家冰雪旅游发展案例

3.1.1 北欧国家冰雪旅游产业发展概述

北欧，又称北欧五国，是丹麦、挪威、瑞典、芬兰和冰岛，及其附属领土法罗群岛、奥兰群岛和斯瓦尔巴群岛的统称。北欧五国的发展历史相似，生活方式、宗教信仰、社会和政治制度也非常相近。北欧地处北温带与北寒带交界处，大部分地区终年气温较低，冬季漫长严寒，月平均气温在0℃以下，这样的气候条件形成了独特的自然风光和别具一格的冰雪奇观，非常有利于发展冰雪旅游业。

作为现代滑雪运动的重要发源地之一，挪威人口仅有500万人左右，但分布着100家以上的滑雪场，还有1 000家左右的滑雪俱乐部，是第一个正式将滑雪当作体育运动的国家，是全球知名的滑雪王国。有句俗语称“挪威人生来就踩在滑雪板上”，可见冰雪运动在挪威的普及程度。滑雪作为挪威的国民运动，与民众的日常生活、城市的发展建设密不可分，无论是在奥斯陆，还是在特吕西尔、沃斯、利勒哈默尔等，都有许多设施完备、环境优美的滑雪场和冰雪旅游度假村，游客在冬季的挪威既能观赏到绮丽多姿的自然风光，也能体验到设施先进的滑雪场地和多样化的冰雪娱乐项目。

芬兰冬季白雪皑皑，北部的雪季更是从11月持续到次年5月，最北部位于北极圈之内，冬季有一个多月的时间太阳不会升起，形成独特的“极夜”现象。芬兰同样拥有国际领先的冰雪场馆设备和配套设施，全国境内有冰雪场地大约80处，从世界顶级雪坡到初级雪道，从专业运动员到业余玩家，都能在芬兰的冰雪场中找到适合自己的场地。丰富多样的冰雪项目将自然景观融入其中，冰瀑攀岩、冰湖下潜、高山滑雪、狗拉雪橇、雪地摩托、破冰船、雪地SPA、冰雪垂钓及冰雪漂浮项目，都能让资深的冰雪运动爱好者和无经验的旅行者得到难忘体验。

在地理上拥有高纬度这一独特优势的瑞典，滑雪胜地众多，国内大约有200座冰雪场地，其中包括8个欧洲著名的滑雪胜地。位于瑞典中部的奥勒是北欧最大、最先进的高山滑雪胜地，曾承办高山滑雪世界锦标赛，这里既有黑道和高难度越野滑道，也有许多适合儿童和初学者的简单滑道，并且集滑雪和其他各类户外活动于一体，令所有人都能找到乐趣。此外，瑞典还有1990年建立的世界上第一家冰雕酒店，这是瑞典冰雪旅游的一大亮点。冰雕酒店有85间客房，每年都会更新设计，推陈出新、不断变化，吸引着来自世界各地的众多游客。

总体来说，北欧国家除了拥有得天独厚的自然气候条件之外，成熟的冰雪旅游产业开发模式和高端的冰雪装备也是其重要的冰雪产业发展基础，特殊地域气候条件所造就的冰雪文化对北欧人的意识形态和价值取向产生重要影响，冰雪运动在北欧地区已经成为一种普遍的生活方式，是北欧地区文化价值认同感的重要组成部分。除丹麦地处北欧最南端，气候相对温润，地势较为平坦以外，其他几个国家冰雪场地众多，以室外滑雪场为例，北欧国家滑雪场建设数量与特点见表3-1。

表3-1　**北欧国家滑雪场建设数量与特点**

国家	滑雪场总数（个）	滑雪场海拔（m）	雪道落差（m）
挪威	213	2 200	1 008
芬兰	76	718	518
瑞典	228	1 274	894
冰岛	13	950	474
丹麦	5	120	110

资料来源：VANAT L. International report on snow & mountain tourism［R］. Grenoble：Laurent Vanat Consulting，2019.

3.1.2 北欧国家冰雪旅游产业的发展特征

（1）自然条件优越，冰雪经济突出

北欧国家拥有优越的自然和地理条件，大部分冰雪场地坐落于高山，冬季漫长，自然降雪丰富，雪质好，落差大，形成了终年低温的高山高寒气候，拥有天然开发优势。在气候方面，北欧各国地处北温带与北寒带交界处，大部分属于温带大陆性气候及温带海洋性气候。温带气候占绝对优势且海洋性显著，并且深受北大西洋暖流影响，冬季相对温暖湿润，因此开展冰雪旅游活动的气候舒适度好，同时丰富的降雪和较低的气温决定了北欧国家每年有着充足的冰雪资源，这为冰雪旅游产业的发展提供了稳定的物质资源保障。在地形方面，高大的山体、起伏的地势为北欧国家发展冰雪旅游、建设滑雪场提供了天然优势。北欧国家冰雪经济发展与经营历史悠久，对冰雪消费市场有较好的评估，业已形成稳定的、收益持续增长的经营方式，总体呈现以下特点：一是在经营上侧重满足不同冰雪运动技术消费者和不同人群的消费需求，持续拓展消费市场；二是将冰雪设施与周边风景合理配置，为冰雪场的四季经营和可持续发展奠定基础；三是将冰雪运动的“主题服务”与度假休闲的“兼营服务”结合经营，并且注重开发家庭和团体冰雪旅游消费项目；四是将“便捷”消费理念贯穿于冰雪经营的各个环节，形成延伸化、一站式的消费。正是依托得天独厚的自然气候资源优势和独具匠心的冰雪产业打造能力，北欧国家率先把“冷资源”转化成“热产业”，将资源优势转化为产业优势，不断做大寒地经济、做强冰雪产业。

（2）设施质量规范，产业体系完备

因为冰雪产业基础设施造价与运营费用较高，所以冰雪基础设施的标准规范成为国际上评判冰雪产业发达程度的重要依据之一。以芬兰为例，尽管全国人口仅550万人左右，但具有赛事运营标准和规模的冰雪场地多达70多个。莱维滑雪场是芬兰最大的滑雪场，拥有43条雪道和28个拖牵，雪道和拖牵数量均排在世界前列。从冰雪产业发展指标看，拖牵数量是衡量雪场基础设施和规模的重要标志，《冰雪运动在芬兰》一文中指出，拥有5个以上拖牵的滑雪场占到芬兰全国规模性滑雪场数量的一半。除了规模性滑雪场外，遍布各地的滑雪场更是数不胜数。此外，除了室外雪场，芬兰还有室内冰场260多座，冬季室外冰场数千座，这些基础设施建设不仅满足了芬兰人冬季运动开展的需求，同时高规格的冰雪设施也促成了芬兰成为国际冰雪赛事的重要举办地，如距赫尔辛基100千米左右的拉赫蒂市已经连续七次举办冬季两项世界锦标赛，被誉为全球最好的冬季赛事举办地和冰雪娱乐设施城市之一。北欧各国除了具有良好的冰雪基础设施之外，还拥有发展成熟的高端酒店、餐饮观光、冰雪用品零售等一系列服务产业，以及数量众多的滑雪装备制造运营商，同时还有房屋租赁、度假中心等物业接待服务。雪场除了经营滑雪项目外还提供多样化的冰雪旅游产品，每个国家都拥有几十种的娱乐项目，能让游客感受到丰富多彩的冰雪旅游体验。目前北欧各国以冰雪旅游为特色，建构出完整、成熟、多元化的滑雪产业链，优质的基础设施和配套设施为游客带来极佳的服务体验，提升了北欧各国的旅游口碑。

（3）延续冰雪文化，打造冰雪品牌

北欧国家的冰雪旅游产业在坚持利用资源禀赋和设施建设开发的同时，十分注重冰雪文化的发展和延续，冰雪文化深入人心，冰雪运动早已成为当地民众的一种日常生活休闲方式。很多著名的冰雪度假胜地都有几十年甚至上百年的发展历史，通过厚植各自区域的冰雪文化特色，形成各自独有的冰雪文化魅力和品牌。挪威有4 000多年的滑雪历史，作为现代滑雪发源地之一，在冰雪产业开发的过程中，注重自然资源的原貌保留，将滑雪场周围的村镇和建筑以自然原貌保留，历经时代变迁，仍存留当地独特的风土人情。芬兰的冰雪旅游历史悠久，首都赫尔辛基每年建设和改造世界上最雄伟的冰雪城堡，在灯光与声效结合中给游客带来美轮美奂的冰雪观赏体验。此外，极地冰雪之旅还可以让旅游者了解北极萨米人的拉普兰文化，体验芬兰传统桑拿浴，参观北极圈里的圣诞老人村，乘坐爱斯基摩犬雪橇，进行冰雪垂钓，乘坐破冰船，体验波罗的海的破冰之旅和冰海沉浮，这些都是芬兰打造出的具有历史文化沉淀和品牌效应的冰雪旅游项目。

从北欧国家冰雪旅游产业的发展历程来看，除了不断加强旅游胜地的硬件设施建设之外，其更关注旅游体验质量、满意度、安全性、信息传递等方面的内容。一方面，北欧国家冰雪旅游产业体系完善，有着配套齐全的活动设施、众多滑雪场和娱乐项目，可以提供给游客高质量的冰雪旅游体验；另一方面，北欧国家在冰雪旅游发展过程中注重游客体验，积极发挥口碑效应，提供具有人性化的冰雪旅游服务，加之北欧人特有的热情服务，让游客在寒冷的冰雪旅途中感受到心灵的温暖和家庭的温馨。除了硬件设施和热情服务之外，北欧的一些冰雪旅游小镇一年四季设立多样化的节庆活动、承办大型赛事、建立标志性建筑、开展特色冰雪体验项目来传播冰雪文化，通过构建差异化的冰雪旅游品牌，提高北欧冰雪旅游产业的全球竞争力。

（4）立足比较优势，建立差异化竞争模式

北欧国家的冰雪资源虽然具有很多相似之处，但是经过多年的发展与积累，每个国家都根据本国的资源禀赋特点和文化习俗，逐步形成本国冰雪旅游的特色优势之处：挪威体育的组织与治理采取的是国家主导体育事业发展的模式，政府的主要作用是大力投资冰雪产业并提供完备的冰雪基础设施，从2015年起，挪威政府在体育设施上每年至少拨款10亿克朗，大部分经费投入到冰雪设施上，且财政支持逐年增长，这些资金投入为挪威冰雪设施的可持续增长和现代化升级提供了强有力的支持；芬兰的冰雪旅游产业更注重发挥市场主体作用，通过对客户市场的细分，分门别类地制定有针对性的销售策略，并实施从冰雪运动项目到餐饮、住宿、游玩等其他服务一体化的经营模式；瑞典的冰雪旅游业发展也得益于政府的大力支持，政府与社会组织会定期举办相关的产业培训，从而积累大量专业的冰雪人才，为在雪季和旅游旺季中来自国内外的冰雪旅游消费者提供专业的服务与保障，很多兼职工作人员除获得经营性雪场的收入外，还能获得政府的补贴，成为冰雪旅游经济的额外受益者。

北欧国家的冰雪旅游除发挥各自比较优势外，特别注重良性竞争，实施差异化发展策略。挪威和瑞典具备丰富的山地资源和独特的地形地势，所以更加突出高山滑雪和越野滑雪项目，着力打造以自然风光为主的冰雪旅游特色，雪场的各项设施也较为完备，而且根据不同占地规模的场地或公园建设了不同规格的滑雪场地，由此吸引了众多不同滑雪技术水平的滑雪者；而在芬兰，滑雪运动、旅游与桑拿的结合是居民冬季度假的典型方式，芬兰浴在世界上享有盛誉，并且芬兰几乎所有度假区的滑雪运动项目都是面向家庭设置的，更擅长接待家庭游与团队游，形成滑雪+温泉+度假的休闲冰雪旅游模式。

3.1.3 北欧国家冰雪旅游产业发展的案例分析

（1）产业开发和环境保护相结合

冰雪旅游产业属于环境依托型产业，环境既是冰雪旅游产业赖以生存的基础，也是可持续发展与高质量发展的必要条件，因此，发展冰雪旅游产业的首要问题是要保障对当地冰雪生态、地缘地貌的良好维护。在开发过程中，北欧国家坚持生态性和保护性的原则，强调绿色、环保与可持续性发展，尊重当地自然环境条件，突出本土特色文化和地理环境特点，合理有效开发，并采取了众多有效措施来维护当地生态环境。预期建设的冰雪场地设施不仅要在投资兴建前提交环保规划，还要对其进行动态管理，监督其活动过程，实施环境审计（EA），而政府的规划管理部门会对经营场所的环境保护标准、管理要求等提供系统的、客观的评价。北欧国家瑞典虽然国土面积不大，但森林资源丰富，林木产量和出口量均居世界前列，政府极为注重环境保护，每年的采伐量不超过自然生长量，使得瑞典森林覆盖率长期保持稳定。挪威旅游局在其官网专门设立绿色冰雪旅游项目，提供给游客性价比更高、获得环保认证的绿色酒店，酒店的建筑设施环保等级比法律规定得更严格，带给游客更加安全、舒适的体验。在旅游项目安排上，同样突出环保特征，设立可持续性景点和探险项目，如冰川徒步、狗拉雪橇、奥斯陆滑雪，以及观赏巍峨的山峰和壮观的冰川等。北欧许多滑雪场会建立大型蓄水池，一方面用于造雪，另一方面用于卫生间的清洁。考虑到环境安全影响，除草剂和杀虫剂在许多滑雪场都是被禁止使用的。

（2）提供多样化冰雪体验和四季运营模式

北欧国家注重冰雪旅游产业开发的多元化，在打造冰雪主导产业的同时，拓展其他具有竞争力和可持续发展的产业业态，以主导产业带动相关产业的发展，突出北欧当地冰雪文化特色，扩大北欧国家冰雪旅游知名度，通过节庆、赛事、冰雪文化活动等多样化方式开展冰雪旅游体验活动，加快冰雪产业的融合发展。瑞典和芬兰每年分别举行“雪上马拉松”的长距离越野滑雪比赛，在活动的文化主题、市场营销及表现形式等方面突出地方性及多样性的特点，让来自世界各地的游客有良好的参与感和体验感，同时普及大众冰雪体育运动文化，营造冰雪运动氛围。类似的活动还有芬兰的复活节、圣诞节，挪威的冰雪音乐节、奥斯陆滑雪节，瑞典的瓦萨滑雪节、基律纳冰雪节等。除了冬季积极打造冰雪活动外，北欧国家在非雪季依靠当地山脉地理优势，开发登山、徒步、漂流、自行车等运动项目，高标准的生态建设让北欧国家的自然景观状态极佳，在游客身体力行体验的同时还可以满足其观赏性的需求，形成四季联动的产业发展布局。

近些年，北欧国家在科技创新理念的引领下开启了冰雪体验综合体建设，这是一个融商业、酒店、办公、休闲、运动于一体的综合设施。芬兰北部拉普兰地区Koutalaki综合体就是冰雪设施综合体的典范，由4栋几乎等高的建筑组成，每栋建筑屋顶都与地面通过斜坡相连，构成滑雪道，供当地人和游客体验娱乐。丹麦哥本哈根的Amager Bakke冰雪综合体也是将设施屋顶改造成滑雪场，顶部与地面之间形成的斜坡被划分成若干个多功能滑雪道，在冬季滑冰雪，在夏季滑旱雪，感受不一样的体验效果，在设施底部引入餐厅、咖啡厅等滑雪配套商业，使人们在城市之中也能便利地感受到作为北欧国家全民运动的滑雪项目。

（3）科技引领促进产业发展，注重政策引导与人才培训

北欧国家的冰雪旅游产业由于发展历史悠久，产业体系完备，已经进入产业发展的成熟阶段，在此基础上，北欧国家依然在谋求产业发展的科技支持。目前，北欧国家在冰雪旅游产业的发展上非常重视大数据、云计算和人工智能技术的应用，一些大型冰雪场馆都已经实现了数字化管理，并且具备了比较先进的人工造雪技术，以及生产滑雪器材和服装等用品的科技研发能力。作为北欧的代表国家，芬兰的科技研发能力领先全球，产业创新指数始终处于国际前列，芬兰科技人员为冬季冰雪运动相继开发了柔性冰球挡板和雪上射击光学瞄准仪，其中冰球赛场柔性护栏挡板可以降低运动员50%的撞击损伤率，并且该产品易于拆卸和搬运；而射击光学瞄准

仪可以使运动员更快、更精确地知道自己的成绩，同时减少射击的危险性。芬兰最新的冰雪科技产品已成为各国训练、比赛的装备，并在各类冰雪赛事中得到广泛应用。北欧各国对冰雪产业的管理有着相对完备的政策和制度，通过各自的滑雪协会来管理和监督国内各个滑雪场运营，同时要求各个雪场设立安全救援部门，防止意外事故的发生，并且严格实行相关制度约束。一方面，基于对环境保护等因素的考虑，旅游者的行为会受到一定程度的限制；另一方面，旅游者合理的冰雪参与活动也会受到法律的保障。北欧国家还建立了比较完善的冰雪人才培养体系，对滑雪教练的培训正规、专业，不仅在数量上能够满足雪场以及游客的需要，而且在专业水准上也要求严格。

（4）发挥极点扩散效应

冰雪旅游产业发展的空间结构体现了产业活动的空间属性和相互关系，是产业活动在地理空间上的投影，也是区域产业发展状态的重要标志。现有产业空间结构布局大体分为凝聚模式、放射模式和扩展模式，或分为单节点模式、多节点模式、链状节点模式，也有分为单核模式、多核模式、多核共存的空间模式、带状模式、网络模式的。北欧国家城市中的冰雪产业发展布局或多或少都有上述产业布局的模式，较为突出的是挪威首都奥斯陆所采用的“都市旅游产业环带模式”，这种发展布局模式有效地发挥了奥斯陆的极点扩散效应，同时也将周围城市的冰雪旅游产业带动起来。奥斯陆城市中的冰上场馆集中在城市中心，而雪上场地受到资源条件限制布置在北部城郊，往来交通由城际铁路解决，开启了城市冰雪场馆与城郊发展的双向结合。从奥斯陆中心出发，有铁路、巴士至各大滑雪场地，公共交通体系发达，2~3 小时可以抵达挪威最著名的几个滑雪场地，包括最大的滑雪场地特吕西尔、第二大滑雪场地海姆瑟达尔以及耶卢、诺夫杰尔等。奥斯陆曾于1952年举办过第六届冬季奥运会，是第一个作为首都举办冬奥会的城市，因此奥斯陆的冰雪产业发展布局模式也给国内的冰雪旅游产业发展布局带来相关借鉴与启示。

（5）提升冰雪运动普及程度，增加冰雪运动人口数量

北欧各国政府注重冰雪教学与兴趣培养，冰雪运动普及率高、民众参与率高，15%~20%的北欧人在国内度假会把滑雪运动作为首要动机和项目选择。以芬兰为例，10岁以内低龄儿童的冰雪运动入门培训多由家长来充当家庭教练的角色，中小学的冬季体育教学项目主要以冰雪运动为主，以培养兴趣和掌握冰雪运动技巧为主要目的，因此很多人都掌握冰雪运动基础的运动技巧，形成了良好的冰雪运动文化。目前，冰雪运动已经深刻地嵌入到芬兰的教育体系之中，从而让芬兰人对冰雪运动有极强的民族认同感，冰雪运动人口一直居于全球领先地位。《2017年全球滑雪和山地旅游报告》数据显示：芬兰经常滑雪的人数达126万人左右，滑雪运动的参与率达到24%左右，冰球运动员的注册人数超过10万，冰球职业联赛也是芬兰最著名、最有影响力的赛事，冰雪运动的普及为芬兰冰雪产业持续发展提供了强大的内生力量。在北欧，几乎所有的冰雪旅游胜地都拥有冰雪教育和培训学校，大量志愿者利用业余时间在培训学校为冰雪运动初学者和爱好者提供服务，志愿者以年轻人居多，年龄层次在18~28周岁，对于志愿者身份的执教人员，如果是在校大学生，所在学校会根据其服务时间和质量予以学分奖励，如果是社会在职人员，政府和社区会有相应的经济补贴和社会福利奖励。这种以志愿者参与为主的形式成为北欧冰雪产业庞大的人力资源沃土，也是北欧冰雪运动普及和人口数量提升的重要发展手段。

3.2 北美国家冰雪旅游发展案例

3.2.1 北美国家冰雪旅游产业发展概述

作为北美的两个重要国家，加拿大和美国基于独特的地理位置和气候条件，加之两个国家在冬奥会的承办以及历届冬奥会赛事中都取得了不俗的成绩，因此成为世界冰雪运动强国。美国分别在1932年、1960年、1980年和2002年举办过4届冬奥会，是目前举办过冬奥会次数最多的国家，这也成为美国综合国力和冰雪运动实力的重要体现。加拿大曾于1988年和2010年在卡尔加里和温哥华主办过冬奥盛宴。在2010年温哥华冬奥会上，东道主加拿大队更是一举斩获14枚金牌，在打破“东道主魔咒”的同时也创造了冬奥会金牌榜纪录。

冰雪运动在北美国家的兴起具有其政治特征和历史意义。一方面，北美国家的冰雪运动起源于欧洲，第二次世界大战期间欧洲大量难民开始到北美国家避难，无形中促进了欧洲滑雪人才的流动和欧洲滑雪度假模式的传播，欧洲的国际化滑雪度假村也为北美国家滑雪运动的发展提供了人员和模式借鉴；另一方面，北美国家的冰雪运动也有其自身特点，在一定程度上有赖于中产阶级在城市化进程中对健康的迫切需求，北美工业化的发展也让中产阶级有钱有闲地参与冰雪运动，延续了从少数参与者到大众的现代化进程。虽然北美国家滑雪场在发展之初主要采用欧洲模式，但北美也根据国家和民族特点，逐步探索出北美滑雪场模式。

1936年12月，联合太平洋公司在美国建立了首个度假式滑雪场——太阳谷度假村（Sun Valley），世界上第一条吊椅缆车投入运营，使得滑雪者首次脱离了地面。缆车的使用帮滑雪者快速到达山顶并得到必要的休息，改善了山地的交通网络，提升了探险的安全系数，高山滑雪因此成为便捷又舒适的休闲运动。第二次世界大战结束后，美国引进了大批顶尖科技人才，加速了美国滑雪场建设与发展。其中，1951年韦恩·皮尔斯建造的人工造雪机，使得滑雪旅游行业发生了革命性的变革。随后的1960年，斯阔谷（Squaw Valley）冬奥会在美国举办，它也是历史上首次进行电视直播的冬奥会。这一举措不仅大大增加了人们对奥运赛事的关注度，而且极大程度地唤起了民众对冰雪运动的兴趣。借助冬奥会的承办，美国迎来了滑雪产业发展的黄金十年——1960年至1979年。这一时期，美国滑雪人次由1960—1961年雪季的170万人次飙涨至1978—1979年雪季的5 020万人次，滑雪场个数也由20世纪60年代初的210个上升到1971—1972年雪季的1 350个。美国冬季运动产业协会的统计数据显示，全国滑雪人口总数超过2 500万人，高山滑雪的运动人数最高达到820万人，单板滑雪、自由式滑雪、越野滑雪人数分别为740万人、540万人、330万人。以海拔超过4 300米的落基山脉为中心，美国拥有481个滑雪场，滑雪场数量远超其他国家，位居世界第一。

相较于美国的雪上运动，加拿大的冰上运动更受大众追捧。受落基山脉对太平洋气流阻挡影响，加拿大大部分地区为大陆性温带针叶林气候。加上高纬度的严寒，使得加拿大北部许多地区常年呈现千里冰封状态。渥太华附近的里多运河，卡尔加里附近的露易丝湖等众多湖泊河流自然造就了天然冰场，每年冬季，天然冰场都会免费向市民开放。正因如此，在夕阳下滑过里多运河已然成为当地民众日常生活的重要部分，也为冰雪运动的普及提供了便利。此外，加拿大还拥有世界上数量最多的冰球馆和世界一流的滑雪场。全国范围内拥有冰球馆3 300多座，滑雪场400多处，社区和学校在冬季还会人工浇筑室外冰场。

得天独厚的冰雪资源、完善的冰雪设施、人工造雪的技术革命，自然带来了广泛的群众参与，诸多优势推动北美成为全球冰雪旅游胜地。

3.2.2 北美国家冰雪旅游产业发展的实践经验

（1）经营管理模式成熟

北美地区的滑雪企业在发展过程中逐渐摸索和形成相对系统化的“公司治理”的经营模式，经营者通常掌握滑雪景区的产权和管理权，然后交给专业的商业公司进行统一化的经营管理，通过控制大部分服务供应商使管理更专业化。目前北美地区滑雪旅游目的地基本上由4家专业公司管理控制，包括位于缅因州纽里的美国滑雪公司、科罗拉多韦尔的布斯克里克公司、科罗拉多埃文的韦尔度假区公司、不列颠哥伦比亚省温哥华的西部内地公司。在经营战略上，滑雪旅游景区常常以主体滑雪场或明星滑雪场为主导，整合并购周围其他滑雪场，重组打包上市，并对滑雪旅游度假区投资结构进行优化重组，对投资项目进行市场分解。公司的服务模式是以消费者为导向的，主要经营滑雪旅游度假区的冬季体育或滑雪产品，包括索道经营、滑雪学校、雪具出租、食品饮料等，也可根据游客需求进行预订和定制化服务。同时，北美地区冰雪旅游景区在建设过程中都十分注重设计，既有大型旅游胜地所有的全面、豪华设施，又有可以满足各等级滑雪爱好者的雪道和休闲区域，还可享受世界各国的美食。范尔（Vail）是美国最有代表性的雪场，也是北美“公司模式”经营的典型案例，它有着统一的预订中心，景区内各大品牌酒店林立，商业中心集中，配备各大连锁品牌雪具用品、服装鞋帽，可以在雪场内任何位置选择方便的店铺进行借还。

（2）奥运遗产利用充分

加拿大和美国作为多次举办过冬奥会的国家，相较于其他国家来说有着丰富的奥运遗产，如何充分利用这些奥运遗产以调动大众对冰雪运动的热情对它们来说尤为重要。美国犹他州奥运遗产组织在2002年冬奥会后就设法对为精英运动员和冬奥会量身定做的设施进行改造，同时犹他州在优化体育项目课程、培训教练员、设施布局以及整合体育、娱乐和卫生部门等方面做了很大努力，这些措施吸引了大量的人群，尤其是4~21岁的青少年和儿童。以此为契机，犹他州为积极推动冬季运动提出了关于确立核心任务和创建综合体育战略的宣言，对美国冬季运动的发展产生了许多积极影响。温哥华冬奥会也是奥运遗产充分利用的典范，早在举办冬奥会前期，加拿大就做好了冬奥会遗产项目的积极规划和无缝衔接，使其冰雪场地设施可以在冬奥会结束后便能高效地立即转换成适合大众参与冰雪运动的社区运动中心。里士满的奥林匹克椭圆速滑馆在冬奥会结束后便将这个占地较多的场馆分割成多个运动项目的小型区域，根据大众的参与人数和对项目需求程度对区域合理规划，来提供给大众参与各类冰雪运动。美国和加拿大这种在奥运周期内合理规划场地设施并最终为民众所用的方式，不仅拓展了冰雪运动的参与人群，提升了大众参与冰雪运动的积极性，也增加了大众冰雪场地设施的数量，发挥了后奥运时期的经济效应和社会效应。

（3）环保措施日益完善

在较早时期，美国和加拿大的冰雪旅游活动开发也曾走过粗放式开发、污染水资源以及缺少监管的过程，但近年来，两国的环保意识不断加强，监管措施也日益完善，滑雪旅游景区不但要在投资兴建之前提交合格的环保规划，还要实施全程的动态管理，即进行环境审计，其目的是对现有活动和过程的表现进行评价。许多政府的规划管理部门广泛采用BA（Benchmark Analysis）方法，为环境保护政策、标准、管理要求和环境保护行为提供一个系统的、客观的评价。以美国为例，自20世纪70年代起，美国就非常重视对环境的保护，联邦政府接连出台《国家环境政策法》和《美国国家森林法案》等环境保护法案，开启了美国历史上著名的“环境立法10年”。这些法案虽然在一定程度上限制了滑雪场的快速发展，影响到美国滑雪产业的经济链条，让美国滑雪场进入了一个“阶段性寒冬”，但其后效明显，这些政策对于环境的保护以及可持续发展理念的植入造就了美国滑雪产业更加坚实而稳定的发展。随着美国民众环境保护意识的不断增强，不再简单粗暴地以限制滑雪场的发展这一措施来提高对环境的保护，而是推出了一系列创新性项目，其中韦尔滑雪度假地推出的名为Ski-cology的项目效果斐然，该项目倡导滑雪场经营者和滑雪教练员在指导游客滑雪过程中加入有关滑雪区自然条件以及生态保护的知识介绍，也会告诉他们有关滑雪场周边野生动植物保护的相关内容。这些知识内容可以更好地让游客和滑雪者理解冰雪资源的开发与环境保护的相互关系，以及过度开发对环境造成的负面影响，要想实现冰雪旅游的可持续发展和旅游效益，就必须将环境保护和旅游开发相结合，同时也呼吁游客和滑雪者共同加入环境保护行动中来。加拿大政府和社区也制定了一系列关于环境保护的措施和方法，如班夫镇拥有壮丽的落基山脉景观、丰富的野生生物资源和引人注目的休闲运动项目，吸引了上百万的游客，该镇制订了较为详细的环境保护方案，也对进入景区的游客做好相关的环保教育，从而成为冰雪旅游发展与环保行动并行的典范。

（4）政策引导与科技助力

第二次世界大战期间，美国和加拿大分别从欧洲吸收了大批人才，并推行了技术移民政策。这些人才促进了两国工业和服务业的蓬勃发展，保障了包括滑雪产业在内的相关产业经济增长的原生动力。从旅游政策角度看，1905年成立的美国滑雪协会（National Ski Association）旨在普及滑雪运动。20世纪后期，美国滑雪协会协助国家农业委员会审议通过《滑雪场休闲活动促进法案》（Ski Area Recreational Opportunity Enhancement Act），意在引导滑雪度假村改进运营方式，允许和鼓励位于国家公园附近的滑雪场开展四季性户外休闲旅游活动，同时为附近小镇创造更多的工作机会，促进休闲旅游活动与经济发展。科技的发展对冰雪旅游产业同样产生重要作用，第一次工业革命最杰出的成果是实现了工业的机械化，处于萌芽状态的美国滑雪场在机械化时期获得了极大的启发，为后来的滑雪场建造和设计奠定了良好的基础。20世纪30年代，美国联合太平洋铁路公司在爱达荷州的太阳谷第一次利用机械化手臂和钢吊建造了面向游客的大型滑雪场，是后来北美顶级滑雪场的雏形。第二次工业革命中，经过石油炼造加工而成的滑雪板、雪橇等装备配件具有更强的韧性和耐受力，提高了滑雪者的安全系数，增强了滑雪爱好者的体验感。受益于材料技术的精进，在北美大型的滑雪胜地，每个雪场至少有一条人造雪覆盖的滑雪道，让游客体验不一样的滑雪感受和效果。当前，随着科技水平的不断提高，虚拟现实技术也应用到了北美滑雪市场的营销当中。加拿大不列颠哥伦比亚省旅游局早在2014年就发起了“虚拟体验大自然”营销活动，使用了Facebook公司旗下子公司Oculus销售的Rift虚拟现实头戴式显示器，使得活动参与者沉浸在不列颠哥伦比亚省冬季运动的3D体验里。高科技营销活动扩大了不列颠哥伦比亚省滑雪场的知名度，吸引了媒体和消费者的关注。同样，美国犹他州滑雪协会在2017年的商业展会上使用VR纸板眼镜（Google Cardboard Viewers）为观众提供360度视频体验，获得了良好的反馈。人口变化正在影响全球滑雪产业格局，科技也在推动着滑雪产业不断前行与发展。政策和科技成为推动北美滑雪场发展的利器，也是其冰雪产业高速发展的重要经验之一。

3.3 瑞士冰雪旅游发展案例

3.3.1 瑞士冰雪旅游产业发展概述

瑞士地处北温带，全国地形高峻，平均海拔约1 350米，全境分中南部横贯东西的阿尔卑斯山脉（占总面积的约60%）、西北部的汝拉山脉（占总面积的约10%）、中部高原（占总面积的约30%）三个自然地形区。境内4 000米以上的高山多达48座，有1 800多处天然冰川、3 000多平方米冰河。其中阿尔卑斯山区包含成百上千的雪峰，有举世闻名的马特洪峰、雪朗峰、艾格尔峰、门希山和少女峰等，峰顶冰雪常年不化，充分满足四季滑雪的需要。瑞士夏季不热、冬天很冷，全国年平均气温为8.6℃，年降水量在1 000~2 000毫米，但是受地形影响，高山峻岭处降水量远远超过中部高原一些地区及河谷地带，再加上冬季北冰洋南下的冷空气遇到阿尔卑斯山脉的阻挡，在抬升过程中水汽凝结形成了丰富的降雪。瑞士的冬天是明媚的阳光和耀眼的积雪共同编织成的世界，清新的空气、充足的日照和优质丰富的积雪将瑞士塑造成了一个滑雪天堂。

欧洲最高的火车站——少女峰火车站，最高的缆车站——马特宏峰冰川天堂缆车站，世界首创的360°全景观缆车——铁力士山旋转缆车等壮观的冰雪设施都在瑞士，这些先进的设施，为瑞士成为全世界的冰雪运动中心和冰雪天堂奠定了良好的基础。

滑雪是瑞士旅游业最先发展起来的项目之一。在瑞士，滑雪是大众最普及的冬季户外运动，也是大多数家庭集体参与最多的项目，滑雪对于瑞士人来说就像国人的乒乓球和自行车运动一样普及。瑞士滑雪旅游收入占国内生产总值的30%左右，占旅游总收入的60%左右，瑞士的总人口只有700多万，但其每年接待的滑雪旅游人次却高达1 500万人次，占全球滑雪者的43%左右，创汇超70亿美元。随着冰雪旅游业的不断发展，瑞士全境已有200多个高级雪场、13条齿轨铁路、50辆登山缆车、600条空中索道和1 200个上山吊车，并且配有4 000多名专业滑雪教练。瑞士有欧洲最长的滑雪坡道，许多滑雪坡道长达16千米，高度差达2 000米，为全球滑雪者带来极限刺激和不一样的感受。

3.3.2 瑞士冰雪旅游产业发展的案例总结

（1）丰富赛事产业，发展冰雪经济

瑞士境内多雪山高峰，阿尔卑斯山横贯东西，海拔高，日照时间长，常年白雪覆盖，适合滑雪、徒步、雪橇、山地自行车等各色各样的冬季旅游活动；瑞士没有浪费如此得天独厚的自然条件，在全境内设计、安装发达的登山设施，建立众多的滑雪场、冰川公园，最大限度地开发冰雪资源。以铁力士滑雪场为例，有82千米的滑雪道，可以乘坐3种不同的缆车攀登铁力士，特别是搭乘世界首创的360度旋转缆车，可以俯瞰山下的景色。再以圣莫里茨为例，圣莫里茨被称为阿尔卑斯山地区的大都市，交通便利，有著名的雷蒂亚铁路通过，同时也是重要的国际航空站。在其周边区域有350千米滑雪道，高度超过3 000米；配备4个大型滑雪区、5条规模较小的雪道和60条不同的现代滑吊、缆车，采用了最新式的基础设施；景区内有34家雪山餐馆，多家滑雪用具店，大部分滑雪场都配备人性化的儿童设施，让带小孩的家庭也可享受滑雪乐趣；瑞士第一家滑雪学校于1929年在圣莫里茨成立，除此之外瑞士还有多家滑雪学校。圣莫里茨城市虽不大，却有8家五星级酒店，市中心300米长的大街上有超过50种世界顶级奢侈品牌，新品更迭速度甚至快过巴黎一步。先进的产业设施、完善齐全的产业体系是成功举办大型赛事的关键。

圣莫里茨是世界冬季度假运动的发源地，150多年来，这个有"世界之巅"之称的小城始终吸引着从欧洲各国到世界各地的高端游客。圣莫里茨雪上赛马大会创始于1907年，每年2月举办，是世界上最值得参与的娱乐休闲活动之一。在2月的连续三个星期日，来自欧洲各地的优良纯种马和国际知名的骑师汇聚圣莫里茨，每年都有超过3万名观众涌入圣莫里茨湖附近冰冻的大地上，在宏伟的恩嘎丁山脉背景下见证激动人心的时刻，并感受赛场上的娱乐氛围。雪上赛马大会让圣莫里茨在众多游客中享有盛名，比赛年复一年地吸引了来自世界各地的游客以及政治、经济、艺术领域的贵宾前来游玩，为当地带来巨额收入。在冬季旅游的不断发展中，瑞士开创性地举办了各种有趣、刺激的冰雪比赛，而后进行大力宣传，吸引全世界游客参与，最终形成历史悠久的年度赛事，融合促进多方旅游发展。

（2）管理经验丰富，注重安全防护

瑞士在冰雪旅游的经营和管理方面有着相对完善的规则，瑞士设有滑雪协会来管理各个滑雪场，除此之外，政府部门对安全管理也十分重视。每当旅游旺季到来游客众多时，瑞士的救援部门为了防止意外事故的发生，会派巡视员在现场监督指挥；SUVA保险公司在12个滑雪场设置了测速雷达，用来提醒滑雪者控制速度在每小时30千米之内；瑞士各大滑雪场还配有直升机救护队，全天24小时待命，一旦出现安全事故，直升机便会立刻投入救援。瑞士滑雪协会要求每个滑雪场配备专业的安全解说团队，来对滑雪体验者进行安全培训，解释各区域的难度划分以及各器材的用法等。这一方面提高了游客的满意度，另一方面有效提高了滑雪场的安全程度。瑞士对滑雪场地要求非常严格，会对地质相对复杂的滑雪场地进行实地调研和科学分析，滑雪场会根据难度的不同使用安全防护栏进行区域划分，比如，初学者场地、远距离滑雪道、雪橇滑道和高山速降滑道等，使得不同水平的滑雪者在合适的区域滑雪，既有效避免了滑雪初体验者进入难度较大的滑雪场地，也保证了资深玩家的娱乐程度。

（3）资源有效利用，服务优质高效

瑞士有很多滑雪胜地，如采尔马特、少女峰、圣莫里茨、铁力士山、达沃斯等滑雪场。其中最受欢迎的营地则非少女峰莫属，作为世界文化遗产之一，少女峰滑雪场以优质的服务和完善的设施吸引了全世界的游客到这里体验滑雪，几十条缆车，上百条雪道，场景十分壮观。同时，少女峰假日公园为所有游客免费提供去往滑雪场的班车服务，还设有商店供游客选购滑雪用具。少女峰的设施更是一大亮点，滑雪者们可以在滑雪场乘坐直升机滑雪。除了专业滑雪设施外，娱乐休闲设施也是数不胜数：户外暖炉可以让滑雪后的游客坐在暖炉旁休息，尽享冰雪风光，公共厨房可以让喜爱烹饪的游客互相切磋厨艺，除此之外，还配备了迷你高尔夫球场、儿童游乐场、自行车租赁场、乒乓球桌、游戏室等多种家庭娱乐设施，吸引了大批家庭度假者。2014—2018年，少女峰营地年平均入住率从56%提高到了73%，游客满意度甚至达到了93%。这些都是瑞士冰雪旅游收入的主要来源之一，极大地促进了瑞士冰雪旅游的发展。

除了滑雪，瑞士最吸引游客的特色之一便是冬日温泉。瑞士大多数滑雪场附近都配有温泉，游客们如果滑雪后感到疲惫，可以去露天温泉中放松一下，惬意非凡。如果赶上雪天，甚至可以在温泉中感受到雪花飘舞的浪漫。晚上来到温泉中心，还可以享受一场月光温泉浴，一天滑雪的疲倦就会全都消失。瑞士通过温泉与滑雪相配套，增加了游客在雪场附近留宿的数量，为附近酒店带来了可观的经济收入。

（4）坚持绿色发展，关注生态效益

冰雪旅游的开发采取三个效益并重原则，即经济效益、社会效益和生态效益，其中生态效益的重要性日益显著。瑞士各雪山面临全球升温与生态环境脆弱等问题已经很多年，统计数据显示，瑞士2010年底冰川面积为994平方千米，比1973年减少了大约十分之三。据估计，这将导致瑞士冬季旅游收入年均减少20亿美元左右。瑞士国家旅游局发言人阿兰·苏特尔表示："绿色旅游传统在瑞士存在已久，可持续性和生态系统与作为旅游目的地的瑞士紧密相关。"经过瑞士当地政府、旅游部门与民众多年的努力，"绿色冰雪旅游"已成为瑞士的标志，如今，瑞士冰雪旅游环境的可持续性在全球居于首位。为避免经营者单纯因经济收益而接待游人，瑞士所有景区的游客进入体系都是环境科学家仔细考察后制定的。由于汽车产生的污染较多，相比之下，火车更为"绿色"一些，因此瑞士铁路公司创设了"冰川列车"游览专列。他们使用小型齿轨铁路将游客送到海拔3 000米以上的雪山，既能让游客途中近距离欣赏到阿尔卑斯山麓的美景，又避免了游客造成环境污染。目前，瑞士完全禁止普通汽车驶入的冰雪度假胜地已达10个以上。政府规定，人工造雪机禁止使用矿泉水和地下水资源，而是要利用冰川融化水来造雪，极大地节约了水源。除此之外，冰雪度假村的居民也在努力延缓高山冰雪消融。为减少温室气体排放，控制碳排放量，对附近居民生活热源使用有一定量的限制。居民们生活垃圾的分类也相当严格，白色玻璃瓶与彩色玻璃瓶都要分箱投入，垃圾不允许零散地倒入垃圾箱内，必须分类后装入统一规格的黑色塑料袋，再倒入对应垃圾箱内，收集压缩后统一运出。

（5）注重人才培养，营造全民氛围

瑞士并不是一个体育强国，但每个瑞士人往往会爱好3~5种体育运动；由于位于阿尔卑斯山脚下，山上常年积雪，所以瑞士人酷爱冬季运动。瑞士人对滑雪的喜爱仿佛流淌在他们的血液里，从小到老，冬季滑雪已经是一种习惯。瑞士有4 000多名专业滑雪教练在滑雪学校任教，每个滑雪场地均设有一所学校。瑞士滑雪学校在全国提供统一质量的服务，滑雪教练都受过专业的授课训练，必须持证上岗。在瑞士，滑雪是最普及的冬季户外运动。瑞士的滑雪旅游之所以后劲十足，很重要的一点就是重视儿童的滑雪教育，这里从小学开始就有滑雪课程，很多小孩子从三四岁就开始学习滑雪，本国居民大部分都会滑雪；滑雪于瑞士就像乒乓球对中国，早已成为一种民族的文化。也因如此，瑞士能够培养出众多的优秀人才参与到冰雪比赛中。

3.4 法国冰雪旅游发展案例

3.4.1 法国冰雪旅游产业发展概述

法国的国土范围位于北纬43°至北纬51°之间，大部分属于温带海洋气候，全年温和多雨。法国地势呈现东南高西北低的分布形态，其国土面积的约三分之一都被群山环绕。其南部与西班牙交界处有比利牛斯山脉；东部法意边境有著名的阿尔卑斯山，海拔4 810米的欧洲第二高峰——勃朗峰便坐落在此山脉。法国中部以及东部由于地形的原因呈现大陆性气候的特征。法国年平均降水量从西北往东南由600毫米递增至1 000毫米以上，丰富的降水决定了法国拥有丰富的冰雪资源。高海拔的山脉常年低温，让该地常年积雪。同时，陡峭的地形也为一些高山冰雪运动（如高山滑雪、冰雪攀岩）提供了绝佳场地，增加了运动项目的刺激性，增强了消费者的体验感。这也为冰雪运动产业的发展提供了稳定的物质资源保障，让冰雪旅游的时间最大化地延长。同时，受温带海洋气候全年无高温以及中东部高海拔地形的影响，大部分冰雪保存时间长，不易消逝。阿尔卑斯山脚下的Saint-Etienne-de-Tinée是该国最大的滑雪度假胜地之一，该地山脚属于地中海气候，冬季温和湿润，而山顶却常年低温严寒。因此，游客就算是冬天到达此地，都可以体验到"上午高山滑雪，下午海边冲浪"的独特体验。这种垂直地带的差异性增强了该地旅游项目的多样性，也使冰雪旅游的独特性增强，成为区别于别国滑雪度假胜地的有利竞争优势。

法国是欧洲乃至世界最早开发冰雪旅游业的国家之一，因为得天独厚的自然地理条件，早在1864年，人们就在阿尔卑斯山开展了一些滑雪极限运动。经过几十年的发展，1924年1月25日，法国在夏蒙尼举办了第一届奥林匹克冬季运动会，标志着其在世界已树立起了在冰雪旅游产业上的崇高声望。在上百年的冰雪旅游产业发展中，法国对于冰雪场地的开发、产品的设计、市场的宣传已有一套相当完善、高效的管理体系，是名副其实的冰雪旅游大国。

目前法国拥有325家5条索道以上的中大型滑雪场和全球最广阔的滑雪场地，以及全球最大的配有机械装置的冰雪公园。一些区域的滑雪场实现了与瑞士、意大利以及西班牙等国的滑雪场的连接。每年出入这些滑雪场的游客数量以千万计。随着游客的大量涌入，法国滑雪场及周边的房地产行业在近些年得到井喷式发展。在一些大型滑雪场，房产的价格已经明显超过周边城市房产价格。这些滑雪场的发展给法国山区带来了巨大的经济效益。罗纳-阿尔卑斯大区每年接待600万人次以上的滑雪者，相关就业岗位数量超过10万个，旅游业已经成为当地的支柱产业，在所有产业产值排名中位居第二。在法国，围绕滑雪场进行的庞大基础设施建设已经将山区与现代社会紧密相连，环境保护和地域文化保护等工作则帮助法国滑雪场得到更为长久的发展动力。如今，法国在滑雪场发展领域已经成为全世界的领导者和发展模板。

3.4.2 法国冰雪旅游产业发展特征

（1）旅游产品丰富，产业链完善

在漫长的冰雪市场开发中，法国的管理者以冰雪旅游业为起点，向多行业、多商业领域进军。他们将产业链不断延长，力图增加冰雪旅游产品的附加值，使游客享受到一体化服务，于无形中增加旅游体验感和满足感。

早在20世纪80年代，法国就突破世界大部分开发冰雪旅游的常规思路，除兴建大型室外滑雪场地外，还将目光重点放在了开发集餐饮、娱乐于一体的高档旅游度假村上。同时，相关景区还推出了一系列冰雪旅游纪念品，热销全球。这种做法不仅将该地的产业链从单一的旅游业延伸到餐饮、零售服务业，还在无形中完善了景区的配套设施，大幅提高了游客的旅游舒适度和度假的便利程度。其中的标志性滑雪场是高雪维尔（Courchevel）1850滑雪场（也译为库尔舍瓦勒或舍维勒滑雪场）。它是世界上第一个以滑雪为首要目的的滑雪度假区，它的建设模式成为后来全世界滑雪场建设的重要模式。高雪维尔第一次采取科学方法计算滑雪场的容客量，并据此决定住宿和其他配套设施以及服务的数量。同时，它还首次提出了雪道和住宅无缝对接的理念，滑雪者可以直接从自己的房间踏着滑雪板滑上雪道。

此外，由于开发历史悠久加上得天独厚的地形条件，法国的冰雪旅游产业还囊括了范围广泛、数量极多的产品种类。在阿尔卑斯山附近地区，除了大众都熟知的高山滑雪、雪地越野等项目外，最受游客期待、排名前三位的分别是参观冰雪奇观、冰雪度假村度假、体验传统高山民宿等小众项目。多样化的产品大大增强了旅游目的地的独特性，提高了游客对该地冰雪旅游的期待。

（2）滑雪设施齐全，装备优良

19世纪中后期，滑雪运动逐渐出现在法国的阿尔卑斯山区。其中最早的冬季运动和冬季旅游出现在著名的夏慕尼小镇。自19世纪20年代开始，前往夏慕尼旅行已经成为欧洲富家子弟的教育内容之一。1870年，夏慕尼第一条现代意义上的公路建成，山外的游客数量迅速增加，夏慕尼小镇和它的旅游业也得到梦幻般的发展。酒店经营者的数量和财力也在逐渐积累，他们开始为酒店努力寻找更多的客源和盈利点。1893年，一个面积超过6 000平方米的大型天然滑冰场迎来了夏慕尼第一批冬季游客。1908年齿轨铁路建成，将成批的游客直接送到冰川脚下，真正的冬季运动和滑雪冒险正式出现在夏慕尼的高山上。

1923年夏慕尼镇通往南针峰（Aiguille du Midi）的第一条缆车开始营业。从此，滑雪者可以在这个滑雪圣城畅快地进行高山滑雪。1933年，默热沃滑雪场的第一条缆车投入运行。1928年，Morzine滑雪场的第一条缆车也正式开放。早期缆车一般体积巨大且成本高昂，影响了滑雪场的采用。后来法国波马缆索集团的创始人Jean Pomagalski发明了装有固定拖牵的吊缆，并于1935年把第一个吊缆安装在了L'Alpe d'Huez滑雪场。新技术的应用有效地增加了滑雪人数：安装新设备之前平均每个周日有1 000~1 500个滑雪者（重大节日可达2 000人），一年后游客人数翻倍。见此情景，越来越多的滑雪场开始安装吊缆。20世纪60年代末法国政府开始加大对滑雪场的政策和资金支持，使得缆车的数量迅速增加，最终使法国滑雪场逐渐发展成为国际滑雪场发展的榜样。

（3）政府主导，资源整合

法国对于冰雪旅游发展出台了相关政策，1964年，为了应对农业歉收和工业衰退的不利局面，招徕外国滑雪者以增加外汇，法国政府推出了发展山地滑雪业的“冰雪规划”。这一政策的目的是整体开发法国山地，包括组织大众旅游、吸引国外游客等具体措施。“冰雪规划”的出台改变了法国滑雪场各自为战的状态。政府制订整体开发计划：按照滑雪区域的大小、标准，将多个滑雪场集中起来，由开发商、旅游公司和政府一起开发成为滑雪胜地。国家主导、推动和控制项目的发展方向，地方政府进行品牌营销和关键设备的建设，时至今日，法国滑雪场的缆车系统依然被视为一项公共服务，一些滑雪设备运营公司直接由市政当局管理或部分接受管理；滑雪场开发商负责具体实施滑雪区的征地、建设，滑雪场的运营，建造住宿区、商店、酒店和其他服务设施，开发道路和公共设施；旅游公司负责招徕和接待游客。

此外，法国政府还颁布了一系列法律法规，用于调整私人开发者和地方政府之间由于公共用地征购产生的财务关系，并且积极降低贷款利率，鼓励滑雪场开发建设。1968年，法国政府利用格勒诺布尔冬奥会向全世界展示了法国一流的滑雪场地，吸引了大量游客。时至今日，每年到法国来滑雪的人数仍居世界前列。

（4）生态优先，立法保护

“冰雪规划”的出台让法国滑雪场得到突飞猛进的发展，无论是数量还是质量。然而快速的发展也带来了对山区的过度开发和环境污染问题，这引发了人们对于未来山区经济的担忧。1977年，时任法国总统瓦勒里·吉斯卡尔·德斯坦发表了“瓦卢伊斯讲话”，开启了法国滑雪场向可持续发展方式的转变。1982年3月，法国政府出台

《山地法》，其目的旨在保护自然遗产、保护生物多样性、禁止旅游业过度开发。该法于1985年1月5日正式颁布实施，它强调山地是大自然独特的组成部分，必须得到保护。《山地法》把新的山地开发纳入统一管理，多方共同确定开发活动对环境安全性的影响，将环境保护作为最重要的原则。滑雪场受到了该法的严格限制：缆索设备系统等被纳入地方政府运营，开发商的合同被限制在30年以内，越野滑雪赛道的建设需要缴纳特许权使用费。

3.4.3 法国冰雪旅游产业发展的案例总结

（1）管理的规模化与开发的可持续化

法国政府意识到大型滑雪旅游度假区对于滑雪产业发展的核心和引领作用，加大了对大型滑雪场的支持力度，1964—1977年先后投资新建了10余个滑雪场，重修了23个滑雪场。伊索拉（Isola）、拉普拉涅（La Plagne）、里蒙纽耶（Les Menuires）和托朗谷（Val Thorens）等现在世界闻名的滑雪场都是这个阶段建成的。世界上最大的滑雪场三峡谷（Les Trois Vallées）滑雪度假胜地正是在地方政府主导下，以“三峡谷通票”的形式整合分布于三个峡谷的众多滑雪场形成的。在政府的支持下，阿尔卑斯集团（Compagnie des Alpes，CDA）逐渐成为世界上最大的滑雪度假运营商，名下拥有蒂涅、伊泽雷尔、莱德萨尔普和瓦勒迪塞尔等11座大型的滑雪场，几乎经营着所有的大型滑雪旅游度假区。该集团对于滑雪场运营的成功经验也成为其对外提供的服务产品，它向全世界其他滑雪场出售其运营管理经验，并借此获得了不菲的收益。

从1987年开始，法国滑雪场吸取第三代滑雪场过于庞大、集中，易受天气影响的教训，向以人为本的第四代滑雪场发展。它们不仅保留了古朴宁静的乡村风格，而且提供现代化的基础设施和服务，同时还创造了独具特色的环境艺术氛围。另外，滑雪场对环境的影响越来越受到人们的关注。法国滑雪场的环保意识越来越强烈，一些环保要求已经成为滑雪场建设的普遍做法：整修滑雪道以符合ISO标准，修建蓄水池以节约用水，完善滑雪场生活垃圾处理以减轻污染，修建以木质建筑为基础的生态型滑雪公园，修建传统式建筑以保护当地文化，建设现代化停车场在方便游客的同时更好保护环境等。

（2）坚持政府主导，基于比较优势

第二次世界大战后，法国成立了以经济学家让·莫奈为首的国家计划总署，动用政府干预手段促进经济发展，开创了此后延续数十年国家经济计划的先河，为延续至今的法国经济模式打下了深深的烙印。法国滑雪场受此影响，成为一种政府引导下的“开发山区模式”。

在滑雪场发展过程中，政府出台“冰雪规划”加速其发展，并从宏观、可持续发展的角度引导滑雪场发展。政府以滑雪场带动整个山谷区域发展为切入点，再由此扩展到整个地区。这样既避免了山区的贫富分化，也避免了开发过程中挤走当地居民的现象。法国政府投资修建铁路和公路，并将需要较多资金成本、回收周期较长的缆车系统纳入地方政府运营。当滑雪场的快速发展已经出现过度开发和环境破坏趋势时，政府又及时制定了《山地法》，将山地开发纳入统一管理，并将环境保护作为最重要的原则。这使得法国滑雪场不仅成为冬季游乐之地，而且成为山地经济的持续增长点。

（3）促进大众冰雪消费和多主体参与

法国滑雪场发展是大众休闲时代的成果之一。第二次世界大战后，社会财富在法国民众和企业中快速积累。滑雪场发展的物质基础逐渐具备，这时法国政府规定带薪假期从原来的每年2周增长到每年3周（现在已经多达每年6周），大大加速了大众休闲时代的到来。在众多因素的推动下，法国滑雪爱好者从1950年的5万多人增长到

1970年的50多万人。

法国滑雪场开发是全社会共同参与的结果，其中政府、滑雪场企业、协会社团、学校和学术机构都发挥了重要作用。法国政府采用法律和经济手段，从规划、开发和环境保护等多方面，调整山区拥有者（开发商、当地居民和企业经营者等）在山区开发中的利益关系，为滑雪场的可持续发展奠定了良好的基础，同时国家对包括滑雪旅游在内的法国旅游进行品牌营销，建立了世界一流的法国旅游品牌。由经验丰富的专业运营服务公司（如CDA）统一负责滑雪场的建设运营，保证了滑雪场服务产品的高品质，并使得其卓越的管理经验可以作为另一种服务产品向全世界滑雪场推广和销售。第三方机构（如欧盟相关协会、地方社团、行业协会等）建立完善、必须遵守的欧盟、法国和行业标准，规范滑雪场相关产业发展。中小学开设滑雪课程，培养青少年学生对滑雪运动的兴趣，培育未来的滑雪消费者。大学和科研机构对滑雪场乃至整个山区的发展进行系统研究，为政府政策制定和滑雪场发展提供理论指导。目前，法国学术界对缆车建造和雪地工程方面的研究是处于世界最高水平的。

3.5 日本冰雪旅游发展案例

3.5.1 日本冰雪旅游产业的发展概述

日本作为亚洲滑雪运动先行发展的代表国家，其冰雪旅游发展已有百年以上历史。日本的国土面积虽然不大，但其北海道等地区拥有独特的冰雪自然资源，经过多年的发展积累，逐渐形成了较为成熟的运营模式和创新理念，注重地域文化和生态旅游的紧密融合。在发展冰雪旅游方面，日本政府高度重视政策、规划和宣传效应，通过区域联合、强化宣传、细分市场等策略不断增强滑雪场竞争力。在冰雪旅游产品方面，企业通过冰雪资源再包装、自然生态重叠利用、历史文化挖掘与重构、品牌打造等方式吸引国内外的冰雪旅游爱好者。在差异化和特色方面，相关组织通过打造日式主题冰雪休闲活动吸引大量海外旅游者，扩大本国冰雪旅游的经济效益和社会文化效益。

日本滑雪产业可以追溯到1911年奥地利人Theodor von Lerch将滑雪文化带到日本，并随着第二次世界大战后日本经济的快速增长在20世纪90年代发展至巅峰。1998年日本滑雪人口曾达到1 800万，滑雪产业市场规模在1991年也创下4 300亿日元的峰值，但之后滑雪人口锐减，市场规模也不断萎缩。近年来随着全球经济复苏，日本滑雪市场逐步从断崖式下滑走向平稳发展。《2019全球滑雪市场报告》显示，日本共拥有547座滑雪场，其中51%的滑雪场拥有5条以上提升设备。日本滑雪场的特点是雪质优良、雪场往返周边大城市的交通非常便利。从区域来看，滑雪场主要分布在长野县、北海道和新潟县，这三个地区的滑雪场数量占到日本全国的45.1%。日本滑雪产业消费群体以国内人群为主（94.1%）。2018年，日本国内滑雪人口约为1 141万人，占总人口的约9%，总滑雪人次达3 150万人次，平均每位滑雪者滑雪约2.5次。其中，参加滑雪运动比率最高的是20~29岁的青年。2011年日本实施“19岁SNOW MAGIC”活动，4年间共计超过151万的19岁青少年参加了免费滑雪活动。同时，经济能力和闲暇时间方面的优势也为日本的老年群体参与冰雪旅游活动提供了条件，每年还有大批外国滑雪者赴日享受滑雪乐趣。同为东亚国家，探究和吸收日本滑雪场运营理念及管理经验有助于进一步揭示滑雪市场的本质特征，进一步厘清冰雪旅游发展思路，继而为形成基于中国冰雪资源禀赋的运营模式提供有益参考。

3.5.2 日本代表性滑雪场运营模式

日本的滑雪场是在20世纪70—80年代实现迅猛发展的，在这一时期日本新建了很多滑雪场，并扩建和改建了之前的滑雪场。目前，日本总共约有滑雪场573座，北海道区域是雪场聚集较多的地区，共有雪场127座，其次是长野县建有雪场79座。知名的滑雪场包括白马、藏王、志贺高原及安比高原等，这些滑雪场都拥有世界上最具现代化的滑雪设施。在设备和规模上，日本拥有超过4台提升设备的滑雪场200家以上，世界排名第二。虽然自20世纪90年代初开始，日本滑雪人数在逐步下降，但自2000年之后，一些滑雪场陆续恢复客源，包括来自特定市场的外国滑雪者。例如，北海道的二世古滑雪场吸引了来自澳大利亚的许多冬季滑雪者以及来自中国香港和新加坡的亚洲游客。2005年以来，滑雪场的建造更加便民化，许多公寓式建筑也开始在滑雪场附近建造。虽然日本的滑雪场发展经历了起伏变化，在数量上也不是最多的，但是其实践发展经验十分丰富，特别是在滑雪市场持续低迷的情况下，日本的滑雪场仍然通过不断创新运营模式来实现较好的运营效果，值得学习。

（1）滑雪场联盟整合模式

滑雪场联盟整合模式是一种产业联盟方式，是由两个或两个以上有共同利益的滑雪场，为加强竞争优势、实现共同发展目标，通过协议、契约方式形成的联合模式。在2000年前后，日本的滑雪产业出现低迷，游客锐减导致很多低纬度小雪场相继倒闭，在经历市场淘汰和筛选后，日本众多滑雪场进行了整合与重组，一些日本度假区型企业和跨国投资公司收购和重组了部分濒临破产但仍具有运营价值的滑雪场，2007年日本241家滑雪景区和目的地雪场经历了管理变革，出现了经营权联合以及运营模式整合。随着滑雪场联盟整合模式日趋成熟，这种模式不再仅以滑雪场为单一对象，还涵盖了星级酒店、餐饮、旅游等多类项目整合，多元化的联盟模式逐渐形成。

（2）生态旅游联合模式

生态旅游联合模式是一种基于生态资源利用的整合模式，是滑雪场通过整合滑雪运动与生态旅游资源而形成两者相互促进并融合发展的模式。在日本滑雪场的运营过程中，经营者开发游客对滑雪的需求并不是单一和独立的，其通常与旅游过程及生态体验形成密切关联，这意味着，这种模式的核心是人与生态、自然的和谐相处。一方面，滑雪场经营者需要主动去寻求优质的森林资源，特别是靠近山脉和大面积原始森林的雪场资源，可以让滑雪旅游者在运动休闲的同时享受自然生态；另一方面，经营者积极打造滑雪场的多季节运营模式，让游客可以在非雪季更加关注生态旅游，强调滑雪场周边的自然环境优势，从而提升滑雪场的内在价值和自身魅力。生态旅游联合模式既突出了滑雪场的“一核”主题，同时也注重发展滑雪场周边生态旅游的“多极”模式，不但有益于滑雪场的可持续发展，使滑雪场运营特色更加鲜明，还能不断吸引和扩大消费人群，形成黏性消费。

（3）特色文化融合模式

不同国家、地区和民族都有其自身文化，文化差异也是形成旅游特色差异的重要原因。日本的滑雪场运营模式的特色之一就是基于滑雪运动的体验性，依托其所在地文化的特殊性而形成独特的运营模式，这种特色文化与滑雪场运营的融合在日本不仅成为一种风尚，而且取得了较好的营销效果。具体来说，就是将滑雪与日本特色饮食文化、地域性温泉文化相融合，形成了滑雪场的独有魅力，形成各种文化形式之间的碰撞，成为吸引国外滑雪者的重要因素。另外，滑雪场特色文化融合也与日本传统文化有密切关系，特别是在活动组织方面，日本有很多滑雪场会提供小型博物馆、艺术书廊、滑雪文化或传统文化等体验，通过组织冰雪节吸引大批游客，将滑雪、冰雪景观及地域传统美食和传统手工艺有机结合。多种文化与滑雪场的融合既呈现了不同滑雪场的自身特点，同时每个滑雪场也会根据自身资源和经营特点尽其所能开发新的项目和服务从而避免雷同化，以差异化竞争为滑雪消费者提供更具吸引力的产品和服务。

3.5.3 日本冰雪旅游产业发展的案例分析

（1）政府主导

近年来日本在国内人口总数减少、经济缓慢恢复的社会背景下，着重发展以滑雪为代表的体育观光旅游。滑雪旅游将滑雪运动和自然景观、社会文化等地域资源融合为一体，带动住宿、交通、餐饮、零售等相关产业，从而促进地方经济的长期稳定发展。

日本政府的重视主要体现在以下三个方面：

第一，从政策上支持滑雪产业。2017年日本体育厅召开“体育观光官民协议会”，将雪上运动为首的户外体育作为支持的重点领域。日本国土交通省观光厅自2017年以来，定期举办“激活滑雪胜地推进会议”和各方专家商讨未来滑雪产业发展的行动计划、实施的举措，发布示范案例并积极进行成果推广。

第二，从经济上给予支援。为提高滑雪胜地的国际竞争力，日本每年对企划创建区域滑雪观光品牌的项目给予最高500万日元的资助并对实施和提升区域滑雪品牌的主体平台给予事业经费四成的经济资助，有力地推动了区域滑雪品牌的做大做强。

第三，为区域观光的人才培养提供指导。2015年，日本国土交通省观光厅发布《打造区域观光从培养人才开始》，以中长期的视角明确人才培养的三阶段，与教育、研究等专业组织共同举办研修会和讲座，重视工作坊和实践相结合的培养模式。该模式的确立为滑雪产业各领域的人才培养提供了标准和具体指导，有助于滑雪产业获得长期的人力支持。

（2）区域联合

有调查显示，滑雪场的规模越大，对国内外滑雪爱好者的吸引力也就越大。欧洲的阿尔卑斯滑雪圈是由来自5个国家的12个顶级滑雪场组成的，凭借其得天独厚的地理优势、细腻松软的天然雪质、先进的提升设备和高品质的酒店服务，每年吸引大批冬季运动爱好者。《2019全球滑雪市场报告》指出，全球80%的百万人次滑雪场都位于阿尔卑斯地区。

日本借鉴阿尔卑斯滑雪圈的经营模式，将区域内的多个滑雪场联合起来，树立滑雪的区域品牌，强调其独特性，为滑雪游客提供在其他地方无法获得的价值和体验。

首先，对游客来说，区域内的通用雪季门票可以极大地满足他们求新求异的心理，游客能自由体验各个雪场的雪道特色，获得畅爽的休闲体验。日本国内人群滑雪光顾最多的是白马谷、新雪谷、苗场三大滑雪圈，从侧面也显示出滑雪圈品牌对滑雪爱好者的强大吸引力。

其次，对滑雪场而言，运营主体的一体化不仅可以实现旅游资源的效用最大化，还能有效避免过度竞争的发生。在以往的经营理念中，为提高滑雪场营业额，往往以打价格战、竞相降低滑雪门票价格的方式来吸引更多顾客。这种以牺牲利润为代价的方式容易引发恶性竞争，并最终使自身利益受损。滑雪区域品牌的建立让每个雪场不再是单兵作战，而是通过携手发展，实现经济效益和社会效益的共赢，从而增强市场竞争力。

最后，滑雪区域的建立有利于滑雪圈挖掘自身特点，实施差异化经营。新雪谷滑雪圈打破传统的经营模式，以奢华的高级休闲公寓为特色，将高收入的外国滑雪游客锁定为主要客户群，通过为客户提供一流的住宿条件和服务，大幅提升消费水平，从而增加营业收入。依据自身优势的差异化经营，可避免同质化、大而全的发展模式。

（3）理念驱动

透过日本滑雪场的运营模式，可以看到运营过程中明确的理念驱动。实际上，科学理念本身引导着商业运行，无论是哪种模式的形成，其背后都与相应的理念直接相关，滑雪场也不例外，模式的形成就是在特定运营理念作用下所产生的结果。

①价值理念驱动：打造特色

日本滑雪场运营首先凸显的是特色化发展。一方面，这种特色理念体现为通过滑雪场地形、自然景观、美食餐饮、娱乐项目和服务设施方面的差异化设计和服务来突出运营的与众不同。这种服务型产品突出了其内在价值与滑雪场特色资源的融合，并且能够把这种融合价值更好地延伸至其他运营环节。另一方面，滑雪场在打造自身特色的同时还通过多种途径来实现运营的长久经济效益，而不是只聚焦短期收益。例如，日本最大的顶级度假乐园志贺高原，旗下拥有19家滑雪场和16个住宿区域，遍布日本各个代表性滑雪地区。虽然这19家滑雪场同属一个联盟，但每个滑雪场各具特色，差异化运营。其中，志贺高原滑雪场展现的是林间雪道的自然魅力；横手山·涉滑滑雪场突出雪场与雾凇的完美结合；熊之汤滑雪场从温泉上打造舒适的休闲理念；BUNADAIRA滑雪场则根据自身地形从初学者和女性角度来塑造雪场的风格。而日本非常著名的雪地猴温泉，其所在位置也与志贺高原滑雪场相邻，来此地的消费者有很大一部分是为了滑雪的同时可以观看雪地猴，相应雪场也会借雪地猴强化宣传并提供具体观看时间表。这些运营特色使志贺高原成为日本人民心目中的六大雪场之一，并且吸引着源源不断的国际游客。另一代表性的滑雪场是二世古滑雪联盟，该滑雪联盟拥有4家滑雪度假区，是北海道最大的滑雪场，是福布斯旅行者评定的全球十大滑雪场之一。二世古滑雪联盟虽然在日本滑雪市场中占有较大份额，但是在实际运营中仍然强调内部滑雪场的特色差异化，其中，这里的滑雪场最大的特色是“粉雪”。此外，滑雪场还会定期举办规模化的文化活动，包括日本北海道的“札幌冰雪节”和东北地区的“山形冰雪节”都是典型代表。实际上，差异化的价值经营理念能够吸引不同类型的消费者，特别是以家庭度假为主体的消费群体对滑雪场的特色尤为关注。在日本滑雪场的运营中，其特色价值的塑造本质上是让人们融入自然，感受自然的魅力，进而通过生态价值增加滑雪场价值；另外，还会通过在滑雪场内部提供消费者所需的多种特色产品增强其内在价值，进一步彰显滑雪场的运动特征和休闲特色。

②服务理念驱动：服务至上

服务至上是以不断满足用户需求为基础，以创造服务价值为目标，在服务提供者与服务接受者（用户）之间进行价值传递的理念。服务至上理念可以体现在日本滑雪场运营的多方面，这种理念的形成与日本本土传统文化有必然联系，其核心为聚焦于产品高质量与人性化设计。

首先，滑雪场经营者对消费人群进行细分，根据不同类别客户实行准确服务定位，从产品服务供给角度来看，主要通过不断满足各类型消费人群对滑雪体验、滑道需求、服务设施、娱乐体验、餐饮及住宿等方面的细节需求来实现。在滑雪设施服务配套方面，服务至上的理念体现在重视滑雪旅游者的服务体验感方面。2016年日本长野县大町市、白马村、小谷村的11家滑雪场和15家缆车经营者组成了“HAKUBA VALLEY”滑雪联合体，每个滑雪机构都引进自动检票系统“IC TICKET”，26家机构作为一个整体进行联合经营。

其次，为不同技能水平的滑雪者建造不同等级、类型的场地设施，考虑到不同年龄、不同消费能力及不同偏好的消费者需求，滑雪场会提供雪圈、驯鹿拉雪橇、雪地摩托及雪上橡皮艇等滑雪辅助设备和娱乐设施。

再次，在产品的丰富度方面，一是滑雪设施齐全，“HAKUBA VALLEY”滑雪联合体的成立，使其滑雪魔毯和缆车总量达到111个，滑行面积达9.56平方千米，规模达到日本国内第2位的两倍以上；二是在餐食和温泉设施选择方面，二世古滑雪场不但拥有正宗的日式餐厅和12家持有星级牌照或受到热门推荐的精致餐厅，还设有20多个温泉设施，能够让滑雪者在运动后进行深度的放松和享受。实际上，滑雪+温泉已经成为日本滑雪场对外国滑雪者是否有足够吸引力的指标，几乎每个日本滑雪场都配置独特的温泉或菜系，滑雪场各种经营活动与日本传统文化的有机结合已经成为日本滑雪场整体的特色表现。

最后，日本的滑雪场对儿童都会特别关照，有针对性地提供单独的儿童雪场、魔毯和儿童主题乐园。而室外的娱乐场地还会配备专属的儿童游乐设施，如儿童攀岩墙、滑梯、儿童餐厅、幼儿读书区等，深受以家庭为单位的消费群体欢迎。

在住宿方面，日本也吸收了瑞士等国家冰雪旅游的有益经验，提供包括别墅、小木屋、酒店、民宿、青年旅社等多样化的选择。此外，在已有经营项目的基础上提供森林雪地徒步活动，这种穿上特制雪鞋的雪地行走能够让滑雪者额外感受到原始森林的魅力，相应雪道旁边会配置各种风格的餐厅、咖啡厅和酒吧等。日本生态旅游在当地非常流行，因此，在非雪季很多滑雪场都开展采摘、登山、徒步、骑马、露营等活动，或者是依托周边生态景观打造一体化景观，以增强滑雪场的运营吸引力。

服务至上的理念使日本滑雪场整体逐渐呈高质量发展趋势，并较好地完成了向经营方式一体化的转变，同时也推动了日本滑雪场的优胜劣汰和服务供给升级，丰富多彩的体验项目将滑雪场打造成为旅游度假的胜地，成为亚洲乃至世界滑雪爱好者的度假首选。

③营销理念驱动：拓展渠道

营销渠道是商品和服务从生产者向消费者转移的具体通道或路径，良好的营销渠道是提高经营质量和收入水平的必要条件。因此，日本滑雪场在运营中对于拓展营销渠道非常重视，以审视自身定位、发挥优势、克服不利影响为重要出发点，主动根据自己的运营特色项目积极拓展各类市场。

拓展营销渠道的理念既是逐步形成的，也会随着市场的趋势和运营压力随时发生变化。随着对日本滑雪市场的整体开发，多个滑雪场进行联合营销的理念逐渐形成并得以深化，联合营销促使各滑雪场自愿形成联盟并积极开发海外市场，特别是1998年长野冬季奥运会后，日本滑雪场对海外滑雪市场的开发更加积极，通过不断地宣传日本滑雪特色来招徕国际消费者。例如，在宣传标语和手册当中具体标出北海道地区10.4米的总降雪量，3.3米的最大积雪深度，全年超过110天的总降雪天数等数据。事实证明，积极拓展营销渠道使日本滑雪场取得了令人满意的营销效果，根据日本观光厅的入境游游客统计数据，2017年前往长野县的有住宿记录的外国游客人数达131.9万人次，创历史之最。在中国文化和旅游部统计的2020年境外冰雪旅游产品中，日本白川村的白色童话世界、札幌的滑雪教练与和服私服旅拍分列人气排名前三。可以看出，这些营销理念的形成是源于日本滑雪场的用心思考和对市场需求的不断探索，突出了文化与商业融合的特征，并为日本滑雪场运营提供了重要的内在动力。特别是营销理念的深化及营销渠道的扩展，推动了日本不同滑雪场之间的联合与协作，从而提升了日本滑雪场的整体竞争力。

3.6 发达国家冰雪旅游发展实践对我国的启示

3.6.1 政府制定顶层设计和政策保障，企业负责装备质量和研发投入

首先，市场虽然在资源配置中起到主体作用，但是市场机制依然存在“失灵”的缺陷，要想持续推进冰雪旅游产业的高质量发展，政府的宏观调控与行政干预必不可少。因此，政府应制定顶层设计和战略规划，根据各地冰雪资源禀赋条件，因地制宜地开发冰雪赛事、冰雪文化和冰雪旅游，做好冰雪旅游产业的融合发展和相关政策配套，积极开发冰雪多样化项目，以满足人民群众参与冰雪运动的需求作为首要任务和发展目标。

其次，各级、各地区政府需要协商出台规范性监管法规，管控冰雪旅游市场的违规开发行为，规避行业内、产品间的恶性竞争，严肃处理侵犯冰雪旅游消费者权益的行为。

最后，冰雪产业相关企业应抓住政策红利和大众消费升级的契机，乘势而上、主动求变、创新发展，生产和创造出适合本国和本地区冰雪产业发展的配套产品，主动对标国际标准，加大冰雪运动装备研发投入，加强科技转化力度，提高产学研一体化融合，提升冰雪产品质量，培育国际知名的国产冰雪品牌产品，促进冰雪旅游产业的转型升级。

3.6.2 提升冰雪产业服务链条，培养专业化人才，实施差异化经营策略

我国冰雪旅游产业正处于加快发展和转型升级的关键时期，传统的“资源依赖型”冰雪产品在发展过程中逐渐落伍，取而代之的是“资源+智能驱动型”产品，因此，应加快促进冰雪产业与相关产业深度融合，将单一的旅游业拓展成集旅游、餐饮、娱乐、销售、文化于一体的产业模式，形成多元化的复合型产业，采用推式、拉式、锥形等组合的发展策略，充分结合地域资源优势，围绕“冰雪旅游+”模式培育与拓宽产品内容，呈现出“冰雪+温泉、赛事、民俗、康养、时尚、文化、科技”等元素融合的高端复合型旅游品牌营销产品，将单一的观光型和度假型产品向复合型和个性化主题产品转变，服务从同质性向异质性优化，注重冰雪产品的体验属性，满足冰雪游客的多元需求。

在提供优质产品和服务的同时，鉴于冰雪运动具有一定安全风险，相关冰雪场馆和冰雪度假景区应向游客明确告知部分冰雪项目的潜在风险，做好风险防范预案，设立救援和医疗保障团队，最大限度保护游客人身安全。

高素质、专业化的冰雪人才是目前我国冰雪旅游产业发展的短板。一方面，政府、企业与相关高校和职业学校对接，通过联合培养，设立相关专业、课程等手段，重点培养冰雪产业管理与经营的专门人才；另一方面，可仿照北欧模式，冰雪场馆内设立冰雪培训机构和学校，招募有经验的志愿者进行培训和服务，对于学生志愿者，企业可提供实践或实习报告，学校给予相应社会服务学分，社会志愿者可根据情况采取有偿与无偿相结合的方式提供服务。在差异化经营上，黑龙江、吉林可充分利用天然的地理、地貌、地势优势，打造

"自然风光+滑雪"的模式，通过改造多样化的滑雪赛道，逐步完善冰雪设施建设，满足不同消费人群的需求；辽宁可利用自身地域资源多元化的特点，构建"滑雪+冰场+温泉+养生"的冰雪休闲度假模式；而北京、河北地区可利用冬奥场馆建设的后发优势，注重冰雪场馆设施的智能化建设与数据化发展，吸引更多年轻的冰雪旅游者参与体验。

3.6.3 挖掘冰雪旅游文化内涵，拓展冰雪运动人口，夯实冰雪运动基础

强化冰雪人文理念、深入挖掘冰雪文化内涵是提高大众参与冰雪热度、实现三亿人上冰雪目标的关键。国内的冰雪旅游产业建设，在过去一段时间强调"设施"优先，但是纵观北欧国家的冰雪旅游产业发展，特别值得借鉴的经验是在它的产业区域和冰雪度假区周边聚合起热爱冰雪、酷爱运动的人，就像磁铁一样，牢牢吸引住庞大的冰雪运动爱好者群体，这是区域冰雪旅游产业得以迅速发展的一个重要"人为"因素。因此，大力培育冰雪文化和冰雪消费人群，是冰雪产业可持续发展的重要保证。

首先，要利用互联网和手机APP等宣传平台，向大众积极宣传冰雪文化，让人们了解冰雪文化是一种在特殊气候和寒冷环境影响下所产生的文化，是大自然馈赠给北方人民独特的文化财富，在此基础上融合其他民族的优秀文化，展现出了我国北方人民热情好客、坚忍不拔的民族精神，实现大众对于冰雪运动从知识性→运动性→生活性的认知观念转变。

其次，通过邀请冰雪专家学者、冰雪奥运冠军参与访谈，录制冰雪活动宣传片，走进社区和校园，以及娱乐节目互动等方式倾力打造主流冰雪运动内容，有效拓宽冰雪文化理念，加强冰雪旅游产品体验氛围的营造，引导大众形成冰雪运动习惯和消费观念，提高大众冰雪

运动锻炼的参与意识，提升大众冰雪认同感和冰雪消费意识，最终实现从冰雪认知→冰雪体验→冰雪生活的转变。

最后，在产业布局和资源空间分布上，要充分考虑家庭老、中、青不同年龄段人群的冰雪运动需求，打造冰雪休闲、娱乐、教育等拥有完整谱系的项目集聚区，完善冰雪旅游基础设施和交通设施，不断提高其他配套设施和服务水平。在选址方面，考虑到辐射范围内的受众人数和消费频率，城市圈的周边区域或大型旅游目的地交通线路上的“极点”是较为理想的选址地点。

3.6.4 坚持冰雪旅游产业的绿色发展与生态保护

在大力发展冰雪产业的过程中，既要注重竞技成绩和保障人民的旅游权利，也要关注冰雪生态的生产安全和生态红线，树立生命高于景观、景观之上是生活的发展理念，坚持生态保护优先于经济发展的科学发展观。我国的冰雪旅游产业在过去一段时间的建设和发展中，粗放式建设与无秩序开发问题较为严重，生态环保意识与可持续开发理念不强，冰雪场馆循环利用率较低，导致冰雪旅游产业的内涵式增长和高质量发展的动力不足。针对上述问题，北京冬奥组委在2020年5月提出“绿色办冬奥、环境正影响”的多项举措，包括改善区域生态环境质量、实施可持续采购、促进绿色低碳循环发展等。

本书借鉴北欧国家冰雪旅游产业治理经验，结合北京冬奥组委的办赛理念，建议从以下三方面来推动我国冰雪旅游产业的绿色发展与生态环保治理：

一是坚持政策引导与法律规范，建立合理、有序开发与科学规划机制。在滑雪场和冰雪度假区初期建设和后期扩建时，在选址、用地方面严格准入制度，制度规则上要涵盖多项生态评价指标，包括耕地、植被保护措施，土壤表层维护，水资源保护以及野生动物的保护办法，规定新建设的冰雪场馆设施的建筑材料环保标准，避免对设施周围植被造成破坏。对冰雪场馆与滑雪度假区的经营提出环保要求，构建环境监管机制和环保绩效评估体系，将环保绩效评价与滑雪场等级评定挂钩。

二是注重当地环境、社会、历史文化基础，将冰雪旅游发展与当地资源禀赋相融合，在建设冰雪场馆设施与滑雪度假区的过程中，要充分考虑和保留当地的文化特色，融入当地自然地形和历史赋予的有利条件进行深度开发，突出当地冰雪旅游产业发展的比较优势，按照“深入挖掘、逐级开发、惠及人民”的建设理念，构建具有文化底蕴和冰雪特色的产业开发模式。

三是突出冰雪旅游产业发展的科技引领，注重科技创新促进滑雪场建筑、造雪、索道等设施的高标准、国际化发展，力求从源头解决环保问题。对已建成的冰雪场馆实施绿色环保措施，对人造雪融水、滑雪场生活污水及垃圾进行回收，修建大型蓄水池，重视能源科技创新与项目转化，促进新能源和可再生能源在冰雪旅游产业中的利用。各类冰雪场馆与滑雪场要提倡使用环保绿色产品，达到节能、低碳、减排的目的，做好污染物、废弃物和废水处理，将垃圾进行分类回收、安排运输和资源化利用，以科技的进步带动产业的节能减排，从而实现冰雪旅游产业的绿色、安全、科学、高效的发展目标，让广大人民充分享受冰雪运动带来的健康与快乐。

第 4 章

中国冰雪旅游的发展实践

4.1 中国冰雪旅游发展的政策演进

2016年3月，习近平总书记参加十二届全国人大四次会议黑龙江代表团审议时提出“冰天雪地也是金山银山”这一重要论述，为冰雪旅游的高质量、可持续发展提供了指导方向。2016年多部门联合制订并发布了《群众冬季运动推广普及计划（2016—2020年）》，其中强调要积极推动冰雪行业的快速发展，充分利用地区间的资源互补，打破时间和空间限制，力求达到“带动三亿人参与冰雪运动”的目标；2021年多部门联合印发《冰雪旅游发展行动计划（2021—2023年）》，指出要继续深化对冰雪旅游的政策部署，特别是在2022年的北京奥运会期间，要借助冬奥会的平台，增加更多的冰雪旅游产品供应，进一步满足公众的冰雪消费需求，从而支持新的经济发展模式。一系列相关政策显示出党和国家对于冰雪旅游的高度重视。通过分析和研究政策文件，可以看出冰雪旅游相关政策经历了政策初创的曲折起步期到旅游带动冰雪发展的政策探索期，再到冰雪旅游全面发展的政策黄金期，目前冰雪旅游已经步入全产业链发展的关键时期。

历经70余年的发展，我国对冰雪旅游的支持政策已逐步形成一套完整框架，并在不同关键节点得到了持续的更新和优化。基于冰雪运动领域专家的意见并参考刘建明等（2022）的研究成果，本书把我国冰雪旅游的政策发展划分为四个阶段：初创与曲折期、起步期、探索期和黄金期，揭示我国冰雪旅游产业从政策理念构建到成为国民经济新引擎的跨越式发展。

4.1.1 我国冰雪旅游政策发展的四个阶段

（1）初创与曲折期（1949—1977年）

早期冰雪相关政策的提出主要聚焦于冰雪运动领域。1951年，共青团中央就鼓励北方的华北、东北等地大力推动冬运会的筹备工作。1953年，首届全国冰上运动大会在哈尔滨人民广场召开，这是中华人民共和国第一次举办全国性冰上运动会，具有里程碑式意义。1959年，全国冰雪运动会分别于吉林省与黑龙江省进行：前者主要负责的是滑雪项目，而后者的重点则放在冰上竞赛上。此举标志着我国逐步拥有具备自主知识产权和文化标识的冰雪赛事，并为激发民众对冰雪活动的热爱打下了坚实的基础。但受“文化大革命”的影响，冰雪运动发展一度处于停滞状态。

党的十一届三中全会的召开，标志着我国冰雪运动重新步入正轨，冰雪运动持续进步，冰雪运动产业政策的关注度逐步提升。

（2）起步期（1978—2008年）

冰雪运动的独特魅力及冰雪资源吸引力是冰雪旅游发展的主要动力，但社会生产力的不足成为制约该产业进一步增长的主要障碍之一。为提升冰雪运动产业的发展空间，营造产业发展的良好环境，我国充分发挥政策的引导效应，于20世纪80年代后期由国家体委提出了“北冰南展”的口号，旨在将北方地区的冰雪资源引入到南方经济发达地区，依托南方地区强劲的消费能力和先进商业模式来推动南方相关地区室内滑雪或溜冰场的建设和运营，以此带动冰雪产业链上的企业获得更多的收益回报，从而实现产业整体的快速、健康、可持续发展。但由于南方地区先天缺乏相关条件和经验，消费人群也极为有限，最终“北冰南展”变成了“北冰难展”。1992年，国家旅游局举办“中国友好观光年”，首次将“冰雪风光游”列入我国14类专项旅游产品，为冰雪旅游产业的兴起奠定了基础。《中西部地区外商投资优势产业目录（2004年修订）》首次提倡冰雪旅游资源开发和经营。2007年财政部首次实施了对冰雪设备的免征关税和增值税政策，旨在促进我国冰雪装备的全面发展。与此同时，国家体育总局冬季运动管理中心和全国首个滑冰俱乐部——世纪星滑冰俱乐部成立，这是对冰雪经济潜力进行的初步探索。总体而言，经过几十年的政策规划和探索，我国冰雪运动的政策框架不断完善，呈现出由政府主体独揽包办，利用冰雪运动赛事促进产业发展的特点，但由于冰雪运动在国内起步晚且基础较为薄弱，整体发展相对缓慢。

（3）探索期（2009—2014年）

作为交叉复合型行业，冰雪产业与第一、二、三产业都有密切联系，包括第一产业中的林业、第二产业中的制造业和第三产业中的服务业等，其核心都是围绕冰雪旅游。随着《全民健身计划（2011—2015年）》的实施及产业的不断发展，人们对提升精神文化生活的需求日益增长，一定程度上推动了冰雪旅游及冰雪消费的与日俱增。顺应人们的消费需求趋势变化，国内以冰雪为主题的旅游度假地逐渐兴起，比较有代表性的包括在2009年建设的万达长白山国际度假区，该项目将旅游与冰雪项目相融合，标志着我国滑雪产业进入全方位经营的新阶段。与此同时，国内举办冰雪赛事数量增加，冰雪旅游人次逐年上升，冰雪场地运营由单一向多元化（冰雪旅游、冰雪表演、冰雪服务）转变，冰雪旅游逐步实现快速发展和创新发展。2011年，国家发改委在《关于振兴东北地区等老工业基地》的文件中提出：大力发展冰雪旅游业，加快建设长白山国际旅游度假区、辽宁温泉度假旅游区和阿尔山–柴河旅游景区等，推动冰雪旅游业向综合运营模式转变。《体育产业“十二五”规划》也提出了要充分利用冰雪这种独特的自然资源，加快产业培育和发展。特别是2014年出台的《关于加快发展体育产业促进体育消费的若干意见》明确规划了我国体育产业的中长期目标，作为引导体育产业发展方向的纲领性文件，该文件提出要促进冰雪运动繁荣发展，形成新的体育消费热点。在该时期，冰雪产业发展主要表现为以冰雪旅游城市、滑雪度假区、冰雪旅游度假区等为空间载体的冰雪旅游，冰雪经济得到发展，冰雪市场得到培育，产业主体地位进一步明确，政策扶持的配套措施开始出台，初步形成了冰雪产业政策体系。

（4）黄金期（2015 年至今）

自2015年北京-张家口联合成功申办冬奥会以来，在“带动三亿人参与冰雪运动”战略目标的引领下，国家多部门协同出台有关冰雪经济发展相关政策，其中《群众冬季运动推广普及计划（2016—2020 年）》和《全国冰雪场地设施建设规划（2016—2022 年）》的政策内容提出：要进一步促进冰雪旅游与文化、教育、科技、装备制造等产业的深度融合，优化冰雪产业结构，提供高品质的冰雪产品，推动冰雪旅游的高质量发展。《冰雪运动发展规划（2016—2025 年）》作为国内冰雪运动产业指导性文件，多次提出促进冰雪运动产业与相关产业融合，增强产业创新能力，提供多样化产品和服务，其中“深度融合”在政策文件中被多次提及。同时，各地区也积极响应国家冰雪产业政策，地方性冰雪产业政策纷纷出台。如2016年吉林省委省政府出台《关于做大做强冰雪产业的实施意见》，提出构建以冰雪旅游为载体、冰雪体育为基础的吉林特色冰雪产业体系。北京市人民政府出台的《进一步促进冰雪消费三年行动方案（2023—2025年）》中明确提出，到2025年，以“享冬奥冰 滑冬奥雪”为特色的北京市冰雪消费体系基本形成，冰雪运动人口不断扩大，达到1 200万人。黑龙江、辽宁、河北、内蒙古、青海等全国22个省区都出台了地方性冰雪产业政策，助力我国冰雪产业快速发展。总体来说，在2022年北京冬奥会助力下，中央和地方的冰雪经济相关政策频繁出台，全国范围内形成冰雪旅游政策红利周期，政策制定主体呈现多部门合作发展态势，政策工具运用更加规范，政策内容呈现体系化规范化，政策监管也形成多部门、多种政策协同治理模式（见表4-1）。

表4-1　**2015年至今我国冰雪产业发展相关政策**

年份	发文机构	政策名称	内容概要
2016年	多部门联合	《群众冬季运动推广普及计划（2016—2020年）》	大力发展群众冰雪运动，提高冰雪运动竞技水平，加快冰雪产业发展
2016年	多部门联合	《冰雪运动发展规划（2016—2025年）》	促进冰雪产业与相关行业深度融合，增强冰雪创新能力，提供多样化产品和服务
2016年	多部门联合	《全国冰雪场地设施建设规划（2016—2022年）》	加快冰雪场地设施建设，推动冰雪运动的普及和提高，促进冰雪产业发展
2016年	国务院	《全民健身计划（2016—2020年）》	积极培育冰雪设备和运动装备产业，推动其发展壮大
2018年	国家体育总局	《“带动三亿人参与冰雪运动”实施纲要（2018—2022年）》	加大多种形式的冰雪人才培养力度，推进冰雪产业管理
2019年	国务院	《关于促进全民健身和体育消费推动体育产业高质量发展的意见》	促进冰雪产业与相关产业深度融合，合理规划、广泛调动社会力量建设冰雪运动场地设施

续表

年份	发文机构	政策名称	内容概要
2021 年	多部门联合	《冰雪旅游发展行动计划（2021—2023 年）》	加快发展冰雪运动与冰雪产业的决策部署，加快冰雪旅游产品供给，推动冰雪旅游高质量发展
2022 年	国务院	《扩大内需战略规划纲要（2022—2035 年）》	冰雪运动“南展西扩东进”，带动群众“喜冰乐雪”
2023 年	多部门联合	《促进户外运动设施建设与服务提升行动方案（2023—2025 年）》	围绕季节性消费需求，建设可移动式冰场等户外临时性冰雪运动设施

4.1.2 我国冰雪旅游产业政策演进特征

冰雪旅游作为冰雪产业的下游和分支，其发展在很大程度上是依赖于其上游产业——冰雪产业发展政策的。近年来，国家出台了一系列关于冰雪产业发展的政策文件，明确指出我国冰雪产业的发展现状、优势以及不足，发展模式除了从提高竞赛能力的单一方面考虑，还要对冰雪产业的健身功能、经济功能、文化功能进行全面规划，透视出我国冰雪产业正经历着从单一功能转向多元功能、从工具理性转为人文理性、从内部分治走向外部融合的变化过程。通过提升冰雪运动竞技水平带动冰雪运动发展及大众参与，将其从健身功能向探索极限、贴近自然、冰雪旅游的人文价值延伸，提升我国冰雪项目治理的现代化水平，进一步推动我国冰雪运动逐步融入世界冰雪赛事的大舞台，增加中国的国际影响力和话语权。

（1）目标定位逐渐清晰

精准化政策目标对实际运作效率有着至关重要的影响，也是推动冰雪产业发展的重要方向指引。在我国冰雪产业发展的起步阶段，虽有相关政策出台，但政策内容是以一种笼统、模糊的表述形式呈现，如提出“北冰南展”“建设一批冰雪运动场地”等口号。这种“口号”“一批”等模糊性发展目标对政策执行主体造成了一定程度上的操作困难，政策效力大打折扣。进入探索期后，2014年《国务院关于加快发展体育产业促进体育消费的若干意见》提出，到2025年基本建成门类齐全的体育产业体系。但该目标依然不够清晰具体，执行主体难以有效地贯彻实行。进入黄金期，经过多年的冰雪经济发展，冰雪产业体系初步形成，逐步呈现出成熟稳定的行业格局，因此，这一时期政策目标更加明确，如直接参加冰雪运动人数超过5 000万人，实现“带动三亿人参与冰雪运动”目标；到2025年我国冰雪运动产业总规模达到10 000亿元。除总体数量指标之外，对高质量产品的关注度也在产业发展过程中逐步增强。前三个时期政策的关注重点在于冰雪运动总量发展目标，提出要不断扩大冰雪产业规模，但人民日益增长的美好生活需要和冰雪高品质产品供给之间的矛盾逐渐凸显，高品质冰雪产品和服务已成为黄金期发展目标。从“带动三亿人参与冰雪运动”到“冰雪产业的高质量发展”目标转换，反映了多元化的冰雪产品是满足新时代人民对于美好幸福生活向往的核心理念，表明了我国冰雪产业政策发展目标定位逐渐清晰。

（2）政策主体逐渐多元

政策主体是指在政策制定、执行和管理过程中具有权威和责任的实体或组织，包括国家、政府、国际组织、地方政府、非政府组织（NGO）等。冰雪产业能够稳步发展，政策主体在制定和运行过程中扮演着重要角色。经过相关统计，我国冰雪产业在初创期涉及单一政策主体为0个，起步期为5个，探索期为6个，黄金期为30个；联合制定主体在初创期为0个，起步期为1个，探索期为1个，黄金期为

14个。这表明我国冰雪产业政策制定主体数量逐渐增加，尤其是在黄金期，多部门联合协同治理的主体比例明显增加。冰雪产业政策在前三个时期联合制定主体较少，主要集中于单一行政部门，由于初期产业规模较小，单一主体推动即可实现冰雪资源整合，但这种机制容易导致决策权过度集中和监管空白等问题，进而影响政策执行效果，使其偏离预期目标且后效较差。随着冰雪产业规模扩大，产业也日趋成熟，特别是进入黄金期后，政策制定逐渐演化为多部门协同联动，多元化联合主体逐渐占据主导地位。如国家体育总局、国家发展改革委、教育部等23部门联合发布《群众冬季运动推广普及计划（2016—2020年）》，国家体育总局、国家发展改革委、工业和信息化部等7部门联合制定《全国冰雪场地设施建设规划（2016—2022年）》以及国家体育总局、文化和旅游部、国家发展改革委等3部门联合印发《冰雪旅游发展行动计划（2021—2023年）》等一系列冰雪产业发展文件。冰雪产业政策主体正呈现出由国家体育总局领导，多个部门协同配合的多元发展格局，这有助于更好地实现多部门有效联动，推动产业政策的落地和发挥政策的效能。

（3）工具类型更加均衡

政策工具是连接政策目标与政策结果之间的桥梁，是实现政策意图转变成政策行动的手段。在起步期产业政策工具主要是引导和提升大众对冰雪运动的认知，所以政策工具多以“口号”“鼓励”类环境型工具为主，旨在营造一种有利于政策落地和冰雪产业发展的健康环境，进而对冰雪产业发展起到潜移默化的间接效应和渗透作用。在探索期逐渐开始采用法治化行政工具，政策偏向“强制型”，即利用政府的力量来推动和制定有关冰雪产业的发展方向和企业经营导向，展现了政府的主导地位和高度参与特性。政府通过加强冰雪产业的管理审核、动态监督等方式，向冰雪旅游相关企业和市场经营者提出了明确的要求，以便更好地保持冰雪产业的稳定、健康运行。在进入黄金期后，受到市场经济的驱动，游客的需求发生变化，产品与服务的高质量发展理念得到重视，冰雪市场主体的利益诉求被不断放大，单一的政策工具已不再适应冰雪产业的发展，组合型、多元化的政策工具的功能日益强化，包括环境型政策工具、供给型政策工具、需求型政策工具、市场型政策工具以及自愿型政策工具等多种工具被轮换使用，以协助政策的有效执行，社会资本、民营企业参与冰雪产业发展，金融、税务支持等一系列政策工具的使用助力冰雪产业健康、可持续发展。

（4）监管机制逐步健全

在起步期，针对我国冰雪产业的专门性政策呈现真空状态，在其他政策中也仅是以零散化、碎片化的方式出现。进入探索期后，只有2014年颁布的《关于加快发展体育产业促进体育消费的若干意见》中包含“对落实意见情况进行监督检查和跟踪分析”的要求，但对冰雪产业的监管，该文件并未做出具体阐释，这表明在该时期冰雪产业政策的监管机制并未受到足够重视。随着北京冬奥会成功申办，冰雪产业政策迎来了快速发展的黄金期，国家相关部门不仅出台了大量政策，也明确了监管机制。《冰雪运动发展规划（2016—2025年）》明确提出，完善冰雪运动产业的指标体系和统计制度，建立行业监管机制。《全国冰雪场地设施建设规划（2016—2022年）》提出要加强和完善冰雪场地设施统计工作，建立科学、统一、全面、协调的统计调查和信息管理制度。《冰雪旅游发展行动计划（2021—2023年）》提出，加强冰雪旅游数据库的建设，推动建立冰雪旅游数据工作机制，基本形成及时、全面、准确的冰雪旅游数据定期发布机制。以上各产业发展政策的颁布都表明我国冰雪产业政策实施的监管机制正逐步健全，同时利用产业统计监控体系和大数据平台的优势，充分掌握冰雪产业发展动态数据，进行产业结构调整，引领冰雪产业走向高质量发展道路。

4.2 冰雪产业融合的逻辑与实施路径

4.2.1 基本概念

（1）产业融合

产业融合是指在结构、时间、发展水平处于不同层次的多产业在某一个产业或供应链中相互渗透、包含、协同发展的产业形态，科学的产业融合能够使高端领导低端、先进提升落后、整体带动局部，使产业链内资源得到合理配置，形成“1+1>2”的协同效应。产业融合的积极作用可以总结为三点：

首先，能够使传统产业实现创新，推动产业结构的优化升级。现代产业融合的基础是信息技术，借助信息技术对产业发展过程中的相关数据信息进行全面整合与分析，基于数据指导产业融合工作，可以全面提高产业融合效果。借助信息技术，一些传统产业能够聚合资源，对经营发展模式进行调整与优化，为产业结构的优化创新提供帮助。

其次，能够提高产业竞争力，科学的产业融合模式可以使各产业在产业链、供应链中获得经营发展所需要的资源，产业融合会带来优势资源的共享，例如客户资源、市场资源、信息资源、营销资源、技术资源、人力资源等，通过资源的充分共享及关键资源的补充能够弥补产业短板，使产业发展获得新的机会，提高产业的核心竞争力。

最后，能够促进产业区域一体化格局的形成，产业融合可以促进各区域之间的贸易与竞争效应，加速区域之间各类资源与产业的流动、重组、创新。产业融合打破了传统行业及区域之间的界限，实现业务的高度重组与融合，有助于区域产业经济的高速发展。

（2）冰雪旅游产业融合

冰雪旅游产业融合通常指冰雪旅游产业与其他产业之间或冰雪旅游产业内不同行业之间相互渗透交叉。冰雪旅游产业与其他相关产业的深度融合发展是冰雪旅游产业本身内在特征的表现，也是冰雪旅游需求综合性市场驱动的结果。冰雪旅游产业融合是发展冰雪旅游的产品形态、组织形态、经营形态的融合创新模式。冰雪旅游产业与其他产业交叉融合成为一个新型寒地经济领域，也催生了冰雪旅游新业态。随着我国以新发展理念和新质生产力引领冰雪旅游产业跨越式发展，全要素生产率驱动冰雪旅游产业转型升级和"跨界"融合，冰雪旅游产业成为旅游行业中最具成长潜力和创新活力的产业之一。

4.2.2 冰雪旅游产业融合的意义与价值

（1）拓展产业边界，满足消费需求

旅游需求随着社会经济的发展、个人可支配收入的提高以及审美情趣的变化而不断发生改变。传统以观赏为主的冰雪旅游产品以及走马观花式的旅游方式，由于缺少冰雪文化内涵和互动参与的体验活动，已经很难吸引消费者。通过数字、科技、文化产业融合，将各类元素融入冰雪旅游产品中，丰富旅游产品的内涵和旅游者的旅游体验，增加冰雪旅游产品吸引力，以此满足人们不断变化的旅游需求。

（2）资源整合互补，扩大市场规模

伴随市场需求的不断变化，行业竞争日益激烈，使得诸多产业不得不转变产业结构，从而适应市场发展潮流。以东北三省为例，多年来东北三省的旅游产业虽然从政策支持、资源互补和地理邻近角度来看属于协同发展模式，但整体实践协同发展进程缓慢，始终处于摸索发展阶段，无法真正实现冰雪资源共享。因此，如何将数字、科技、文化与冰雪旅游资源融合发展成为东北三省的重要课题。在此背景下，通过多种产业的资源相互补充，既能实现冰雪体育、数字、文化产业的资源信息推广，又能做到旅游产业创新升级，可谓优势互补、各取所需。

（3）发挥协同优势，增加边际收益

在市场竞争体系下，产业发展的最终目标是打造品牌形象，占据市场份额，获取可观收益。冰雪旅游产业融合发展，有利于冰雪体育、数字、文化产业被更多的旅游爱好者熟知，从而实现人文景观、民俗民风的“磁力”，吸引更多的冰雪爱好者前来旅游观光，提升产业收益。旅游产业能够借助冰雪体育、数字、文化产业平台，推出一系列冰雪旅游产品，丰富产品类型，最大限度地满足旅游爱好者的个性化需求，进而增加收益。

（4）提升竞争能力，助力产业发展

产业竞争力的提升，其中一个重要的手段就是产品的创新。产业融合使原本分立的体育、数字、文化产业和旅游产业实现了融合，与传统的冰雪旅游产业相比，融合后的冰雪旅游产业为消费者创造出新的旅游产品，包括新的景区景点、新的旅游项目、新的服务等。随着新产品和新市场的开拓，旅游产业能够获得更大的发展空间和利润收益，产业竞争力也将得到不断的提升。

4.2.3 冰雪旅游与体育产业、文化产业和数字技术的融合路径

（1）冰雪旅游业与体育产业融合路径

①把握技术融合，构建完整的冰雪旅游产业链

在冰雪产业与旅游产业融合过程中，包括餐饮、交通、住宿、服

饰、制造业等在内的各产业发展情况与其具有密切关联。因此，要想促进冰雪旅游产业的飞速发展，加强与相关产业的融合显得至关重要，只有构建完整的冰雪旅游产业链，才能为消费者提供全面、周到、舒适的服务，而技术融合是产业融合的基础，把握技术融合有助于加快冰雪文化产业链的构建。以餐饮住宿产业为例，不但要提供基本的硬件服务，还应设计具有当地冰雪旅游特点的服务产品，给消费者带来从未感受到的旅游体验。加大在冰雪旅游服饰、运动装备、器材设施等方面的投入，通过完善的冰雪旅游产业链，带动生产制造、日常生活、销售运营等产业的协同发展。

②加快产品融合，提高冰雪资源利用率和生态化

产品融合象征着产业融合的进程，加快产业融合，能够提高自然条件利用率。从冰雪旅游产业长远发展角度来看，提高冰雪资源利用率的前提条件是打造集休闲、健身、娱乐、商业、竞赛于一体的综合性冰雪旅游场所，最大限度开发冰雪资源利用价值。通过保护当地民风习俗、宣传地方文化，能够加大对冰雪旅游产业自然条件的综合利用，加快冰雪旅游产业与其他产业的融合进程，创造多样化、生态化的冰雪旅游产品，创建独具地方特色的冰雪旅游发展模式。

③推动企业融合，形成便捷化、一体化的服务机制

企业融合是实现冰雪旅游产业实体融合的实质体现，推动企业融合有助于构建便捷化、一体化冰雪旅游服务机制。从消费者旅游需求角度来看，只有形成完善的冰雪旅游服务机制，才能最大限度地满足消费者多样化、个性化旅游需求，提升消费者对冰雪旅游产品的关注度和满意度。

推动企业融合的方式有以下路径：一是注重接待链条上的融合，从冰雪旅游消费者到达目的地的那一刻起，吃、住、行、游、购、娱的每一链条都有相关服务和接待，相关企业形成利益共同体，健全冰

雪旅游产业服务机制；二是加强监管机制和服务意识，相关部门加强监管力度，保证冰雪旅游相关市场主体依法依规开展服务，同时应为游客提供人性化服务，打造良好口碑；三是提高冰雪旅游活动的体验价值，提升游客参与的积极性。

④关注市场融合，打造冰雪旅游品牌效应

市场融合是冰雪旅游产业融合发展的驱动力与源泉，关注市场融合发展更有助于树立冰雪旅游品牌效应。在冰雪旅游发展过程中可依据地方冰雪资源禀赋特色，借助与其他产业融合的手段，为特色化冰雪旅游产品贴上标签，加强主流媒体与自媒体的宣传，创立具有一定影响力的冰雪旅游品牌，提升该地区冰雪旅游产业的市场竞争力，形成对冰雪旅游消费者的吸引力，进而增加游客“流量”，逐步实现旅游经济发展的“增量”。

（2）冰雪旅游与数字技术融合路径

①建设冰雪旅游信息网络，推动冰雪旅游数字化

利用冰雪旅游信息建设冰雪旅游信息网络工程，完善数字化基础，是数字时代冰雪旅游业态创新必不可少的过程。信息工程建设作为一种公共服务产品，作为宏观调控者的政府应发挥主导协调的作用，弥补市场失灵导致的公共产品供给不足，支撑冰雪旅游业发展，增强数字经济在冰雪旅游业态创新上的赋能：集中公共财政，将景区内开展的冰雪旅游产品化整为零，通过打包形式推动景区冰雪旅游业品牌的信息化推广，同时通过财政补贴等形式鼓励发展状况良好的冰雪旅游社会组织做好项目信息工程，信息工程的建设有助于冰雪旅游景区整体影响力的提高。此外，政府应制定有关冰雪旅游的激励政策，实行财税政策或专项资金激励，从政策的制定和顶层设计上进行精准治理，合理制定资源导向，促进市场资源有效合理配置，以此助力冰雪旅游产业融合业态的新发展。

②构建冰雪智慧旅游平台，拓展冰雪旅游产业链

在完善冰雪旅游信息网络的基础上，冰雪旅游企业应通过对自身科技实力的提升，专注研发构建旅游数据平台，搭建产需对接平台和冰雪旅游宣传营销平台，加大旅游价值链拓宽力度，破解旅游产品信息流的精准化传播困境。利用智能化信息服务平台，实现旅游者、政府和旅游企业三者联系畅通、信息共享，在数字化基础设施完善的前提下促进冰雪旅游产业融合，进而催生出更多创新业态。借助服务成熟的网络平台，利用大数据、云计算等手段进行人群消费动机与偏好的分析，提供针对性的冰雪旅游服务，将线下的冰雪旅游资源有效整合，挖掘在线旅游数据资源，完善冰雪旅游的OTA模式。在此过程中，突出旅游资源整合挖掘、渠道开发等现有约束条件的分析，丰富旅游产业附加值增值渠道，延伸旅游业态创新价值链，运用互联网、物联网、大数据和人工智能等技术做到数据打通、线上线下融合，确保旅游供销全环节的数字化，降低运营成本，提升效率，最终实现旅游服务品质化、多元化、智能化以及旅游场景体验化的发展。

③强化数字技术融合，推进冰雪旅游业态创新

在创新数字科技的推动下，多感官体验是现代旅游的特色。随着90后逐渐成为消费主力，其消费习惯已逐渐从购买实体商品转变到追求娱乐体验，更加注重体验的多元化与独特性，多元化和互动式旅游已经成为趋势。企业也应以市场为导向，丰富冰雪旅游供给，提高冰雪旅游供给的质量和效率，在此过程中，企业在市场与政策双驱动下，依托市场供需关系，优化资源配置与价值分配机制，持续性对价值创造分配环节进行追加投入与调整，形成单条或多条冰雪旅游产业链，充分发挥市场在冰雪旅游产业运行过程中的需求和调节作用。数字经济赋能下，虚拟现实技术可以打造沉浸式拟真世界。与传统的视听体验不同，虚拟现实是利用三维动态视景，让参与者身临其境。全

息投影技术和5G高速网络呈现全方位体验空间。沉浸式体验注重视觉、听觉、触觉和嗅觉等感官的全方位体验。如扬州大运河博物馆2021年推出了“5G大运河沉浸式体验区”，通过裸眼3D技术为游客营造奇幻虚拟之旅。同时快速推进AI技术的场景化应用，打造冰雪旅游业一站式平台，增加室内滑雪场AR、4D等冰雪体验项目，做好“互联网+品牌+服务+营销+反馈”的创新性融合。

（3）冰雪旅游与文化产业融合路径

①创新冰雪文旅产品，打造知名文旅品牌

产品层面的融合是冰雪旅游产业与文化产业融合的标志。结合当前市场中游客对于旅游的多元化需求，应该在文旅产品创新和发展的过程中融入该地区的民俗特色以及活动优势，可以通过将该地区特色的民俗表演、娱乐演出、体育项目、节日特征、艺术设计以及社会传统文化活动与冰雪旅游资源相互融合，以多元化方式打造当地独具特色的冰雪文旅产品。

首先，应该大力发展冰雪民俗文旅产品。不同的冰雪旅游地区在长期的历史发展中呈现出独具特色的冰雪文化内涵和特征，各地有当地特色的冰雪体育项目、民族服饰，这些都能够成为文旅产品开发和创新的有利资源。

其次，应该将当地的娱乐演艺作品以及影视动漫元素巧妙地融入文旅产品的创新工作中。要善于捕捉热播的影视和动漫作品中具有当地特色的事物，以此设计文旅产品更容易成为热点和商机，吸引一批对当地文化有所关注的群体。

最后，利用当地丰富多彩的非物质文化遗产打造独具当地特色的文旅产品。通过冰雪文化赋能的方式给艺术产品注入更加丰富的精神文化内涵，这样能够极大地丰富冰雪旅游产品的形式和魅力，使当地的冰雪旅游成为国内领先的文旅品牌。

②推动关联性冰雪文旅企业的集团化、规模化发展

企业是经济发展的主体，也是冰雪旅游产业与文化产业融合发展的重要载体。旅游产业和冰雪文化产业想要实现相互渗透和融合，就必须从主体层面出发，保障旅游产业和冰雪文化产业的主导者和组织者能够融合起来。随着市场环境的变化，旅游企业和文化企业业务边界逐渐被打破，旅游业中出现了专门开发利用文化资源为旅游服务的经营企业，如文化主题公园、文化遗产景区等，文化产业中也出现了生产旅游者所需的文化产品的企业，如文化创意园区、文艺演出企业、影视旅游企业等。在此背景下，有必要通过加快两大产业的战略结构重组和优化，将一大批优秀的旅游和文化企业组织起来，形成集冰雪文化旅游功能、影视动漫功能、文艺娱乐功能、影像出版功能、纪念产品开发功能于一体的多功能联动式旅游产业集群。在此基础上，根据不同游客的多元化需求，升级文旅企业的市场化运作，实现文旅企业的融合创新以及规模化发展。通过培育具有高知名度的特色文旅集团品牌，在区域内外树立集团的形象和品牌影响力，以整合资源、行业联动、合作共赢的方式，增强冰雪旅游产业的竞争实力。

③以市场需求为导向，推动文旅产业融合

冰雪旅游与文化产业之间的融合与发展，需要遵循市场发展趋势和发展规律，将两大产业在发展过程中的资源优势、机制优势整合起来，实现二者之间的优势互补和互联互通，真正构建一批适应市场需求的冰雪文旅企业。除此之外，还应当进一步优化冰雪文旅产品的销售模式，在黑龙江省内外拓展特色冰雪文旅产品的市场销售空间。考虑到旅游产业和冰雪文化产业之间本身就具有各自的运营模式和营销渠道，因此，应该从打通二者在产品开发、技术开发等方面的隔阂，将不同的运营模式融合在一起，整合文旅产品的销售渠道，做好两大产业在市场营销方面的协同。近年来，随着现代

信息技术和通信技术的迅猛发展，旅游行业以及冰雪文化产品的营销模式逐步由线下转移到了线上。对此，可以通过开发冰雪合作企业官方微博旅游账号、拍摄与冰雪旅游场景有关的微电影或微视频等方式吸引消费者的关注，带给消费者更加丰富的视觉体验。同时，在冰雪文旅产业融合的过程中，可以借助前沿科学技术，通过将科技元素、冬奥元素融入微电影和微视频中，结合地域特色提升特色冰雪文旅产品的宣传魅力。

4.3 冰雪旅游目的地建设

4.3.1 冰雪旅游目的地的含义

英国学者Buhalis于2000年明确提出旅游目的地概念：旅游目的地是一个完整的地域，具有某种感知吸引力，集中了可满足旅游者需要的设施和服务，能为消费者提供完整的旅游经历。Buhalis进一步指出，旅游目的地由吸引物、进入设施、便利设施、有效产品组合、活动以及其他辅助服务设施六大要素构成。要成为旅游目的地，通常需要具备3个基本条件：①具有旅游吸引物，即拥有一定数量和等级的旅游资源与旅游产品，对一定范围内的旅游者具有吸引力；②良好的环境与服务设施，拥有宜居宜游的生态、文化、社会环境，配备足够的旅游基础设施、公共服务设施和商业服务设施，能满足旅游者旅游活动及相关服务的需要；③一定的游客流量，能吸引一定规模以到访该地为主要目的的旅游者。

冰雪旅游目的地是能够满足冰雪游客游憩的地点或主要活动地点，具体指为已经到达出行终点的游客提供冰雪观光、冰雪娱乐、冰雪运动等特色冰雪活动，以及食宿、购物、休闲、体验或某些特殊服务等冰雪旅游需求的多种因素的综合体，即一定地理空间上的冰雪旅游资源同冰雪旅游专用设施、基础设施以及相关的其他条件有机结合，就成为冰雪游客停留和活动的目的地。冰雪旅游目的地是冰雪游客选择访问并至少停留一夜的地方，在这里冰雪游客可以获得预期的旅游经历或收获。总体来看，冰雪旅游目的地是具有独特的冰雪资源吸引物和市场形象、具备诱发冰雪旅游者产生出游动机、激发出游决策、满足旅游者获取个性化冰雪旅游体验和具有完善的区域管理与协调机构的综合地域单元。从效用的角度看，冰雪旅游者觉得在特定目的地进行冰雪活动比其他备选目的地更具价值和效用。因此，冰雪旅游目的地是能够使旅游者产生动机，并追求动机实现的各类空间要素的总和，主要由旅游吸引物、旅游设施和旅游服务三方面要素组成。

4.3.2 冰雪旅游目的地的分类

我国地域辽阔，北方地区、长江以南部分地区在冬季均有降雪，理论上这些地区都具有开发冰雪旅游的可能。但是根据实际发展情况，我国冰雪旅游的发展主要有资源指向型、市场指向型和中间型三种冰雪旅游的发展模式。

（1）资源指向型

从温度、雪质、雪期等方面来看，东北三省及内蒙古等低温区域在开发冰雪旅游方面具有先天的资源优势。从目前冰雪旅游开发与影响程度来看，我国资源指向型冰雪旅游已经在国际上形成较大的影响。其特点是完全依托冰雪等资源优势，由政府主导开发出具有垄断性和吸引力的冰雪旅游产品，在吸引周边市场的同时，也能够对国内较远距离的客源市场和国际旅游市场产生强大的吸引力。

（2）市场指向型

市场指向型指的是，某地区因地理区位限制，没有或很少有适合开展冰雪旅游的低温环境，而是依托强大的经济支撑，以技术手段辅助模拟出冰雪旅游自然环境的低温状态，不受季节等自然因素制约，可终年面向冰雪游客开放，具有广阔的冰雪游客市场。市场指向型冰雪旅游在我国起步较晚，主要集中于京张地区和上海、深圳等经济发达的城市。

（3）中间型

中间型介于资源指向型和市场指向型之间，即区域内冬季能够形成天然降雪，但雪质、雪期等开发冰雪旅游所需的自然资源无法与东北三省相比或受区位条件和经济环境的制约，区域内冰雪游客较少，距离国内主要的冰雪游客市场较远，游客市场面向本地区近程旅游市场和少部分国内中、远程旅游市场。开展中间型冰雪旅游的区域受限于薄弱的经济基础，又因为区位交通条件较差，因此在开发冰雪旅游方面存在诸多困难。开展中间型冰雪旅游较有代表性的省区有新疆、四川等。

4.3.3 国内冰雪旅游目的地的建设现状

（1）国内冰雪旅游目的地发展特征

①东北地区冰雪旅游具有先发优势

黑龙江省冰雪旅游产业的发展，一方面通过哈尔滨冰雪大世界、太阳岛雪雕博会、中国俄罗斯年异国风情冰雪世界等主题活动吸引众多游客，另一方面通过交通便利、设备齐全、选择多样、服务高端、雪质优良的滑雪场来打造黑龙江省整体冰雪旅游品牌，保持黑龙江冰雪旅游的强劲发展势头。黑龙江省最著名的亚布力滑雪场，位于尚志市东南部亚布力镇大锅盔山北麓，属张广才岭支脉，西距哈尔滨市

200千米，东离牡丹江市120千米。亚布力滑雪场大部分处于原始森林中，始建于1980年，是目前我国最大的综合性滑雪训练和比赛基地，兼有国际标准的高山竞技滑雪区和旅游滑雪区两大部分。在大锅盔、二锅盔和三锅盔之间的高地修建有9条高山滑雪道、7条越野滑雪道、6条滑雪缆车和花样跳台，冬季两项靶场及室内体育馆、运动员村等；在三锅盔修建有大型旅游滑雪场，拥有11条高、中、初级滑雪道，总长度30千米，其中有长5千米的5号雪道，1条5千米长的环形越野滑道，2千米长的全垫升气垫船、雪地草地摩托及雪橇专用道，3条双人吊椅式旅游缆车索道和3条拖牵式旅游索道；此外还有从德国引进的全长2 680米、高570米，有48个弯道的四季全天候旱地雪橇（不锈钢滑道）、3座初学者滑雪场、1座夜间滑雪场、1处儿童滑雪娱乐区和天印湖冰上乐园、奥地利6人吊箱缆车和防风罩吊椅缆车等。黑龙江省已有的滑雪场总数量占全国总数量的约50%，接待海外游客数量已经超过全部接待数量的20%。黑龙江省冰雪旅游已经将滑雪旅游、冰雪艺术、冰雪经贸、冰雪文化等板块融为一体，世界旅游组织称黑龙江省为中国旅游“酷”省，是中国冰雪旅游发展的区域代表。

吉林省也是我国早期开展滑雪体育竞技运动的培训基地之一，在发展冰雪旅游方面将本地域民俗文化和冰雪活动结合起来，形成了融娱乐节庆、衣食住行、体育活动、生产生活为一体的冰雪旅游体系。吉林省以雾凇冰雪、滑雪、温泉、东北春节民俗为主打产品，积极开展“到吉林过大年，到吉林来滑雪”等主题活动，吸引本地区和外省游客前来观光旅游。在冰雪旅游产品上，吉林省将冰雪、温泉和雾凇相组合，吸引冰雪游客。吉林净月潭、北大湖、朱雀山、五家山、长白山等滑雪场，均设立了初级雪道、中级雪道、极限雪道和常规游客滑雪区，并配备雪圈、雪地摩托、雪爬犁等多种雪地娱乐项目，既能满足极限运动专业选手的要求，也能满足普通游客戏冰嬉雪的需求。同时“冬季泡温泉”也是吉林省的特色休闲旅游方式之一，长白山温泉、仙人桥温泉、神农庄园温泉、圣德泉、御龙温泉、玉汤泉、雁鸣湖温泉等成为众多游客的首选休闲项目，冬季假日期间，温泉度假旅游一票难求。随着“第十七届中国吉林国际雾凇冰雪节”的隆重开幕，参与滑雪、温泉旅游、观赏雾凇景观的人数逐步增多。

在冰雪节庆活动上，吉林省以传统年俗文化冬季旅游特色为基点，组织推出民俗游、乡村游、冰雪游、温泉游、文化游、冬季渔猎游、康体健身游等多项文化内容丰富、群众参与性强的旅游节庆活动。2023年春节及寒假期间，长春市共推出20项特色旅游节庆活动，长春冰雪新天地、庙香山温泉滑雪度假区、莲花岛影视休闲文化园、伪满皇宫博物院等景区景点推出门票优惠举措，冰雪旅游好戏连台。其中莲花岛年俗文化节、长春十大冰雪喜乐地旅游品牌发布会、“幸福说”我和长春冰雪的故事、“韵动冰雪梦启长春”摄影展等活动与各县（市）区开展的冰雪节庆活动一起，共同丰富市民游客的冰雪旅游体验。

辽宁省冰雪旅游资源也较为丰富，雪质松软厚实，且无刺骨的严寒。辽宁省的地理位置，与冰雪旅游发达的吉林省、黑龙江省相比更靠近内地，交通便捷，机场、高速公路、铁路、港口等四通八达，方便游客进出，更好地发挥了冰雪旅游关外第一站的优势。近年来，辽宁省在冰雪旅游方面也有了长足的发展，自2004年以来，辽宁省与吉林省、内蒙古自治区、北京市等地共同发力冬季冰雪旅游市场，与黑龙江省协同打造北方冬季旅游市场发展格局。2006年，辽宁省沈阳市棋盘山冰雪节的规模首次接近哈尔滨的冰雪大世界，但是在特色上着重在“雪”上做文章，避开了哈尔滨“冰”的优势，同时和日本札幌雪节委员会合作，借助札幌雪节的建设经验，全力打造“中国雪都”的品牌。目前辽宁省已经拥有棋盘山、东北亚、弓长岭、何家沟、安波等22处滑雪场。这些滑雪场设施齐全、服务全面，是辽宁省著名的冬季度假场所，冰雪旅游集观赏性、趣味性、参与性、艺术性、娱乐性于一体，是辽宁省“五色旅游”的龙头和重要载体，是辽宁省冬季冰雪旅游活动的灵魂。

②华北地区冰雪运动专业化发展

内蒙古自治区虽然不是传统冰雪旅游目的地，但是区内多个城市都具有冰雪资源。鄂尔多斯市连续多年举办鄂尔多斯冰雪节，冰雪游客可以观赏冰雕、雪雕作品，参与滑冰、滑雪和观看花样滑冰，参加亲子冰车比赛等；呼伦贝尔市通过雪景、冰雕、狗拉雪橇、雪地足球、雪地CS等系列冰雪娱乐活动吸引冰雪游客。

内蒙古重点冰雪旅游区域当属阿尔山区域，冬季积雪时间长达6个多月，雪质较好，适合开展冰雪运动，阿尔山滑雪场位于阿尔山市温泉街城区，拥有国内一流水平的高标准滑雪场，是继黑龙江省亚布力、二龙山滑雪场之后建造的国内最好的滑雪场之一，已被确定为国家滑雪队训练场地。阿尔山滑雪场由比赛训练场和滑雪娱乐场两大部分组成，滑雪比赛训练场按照国际比赛标准设计修建，有高山跳台、越野、自由式比赛训练场，滑雪娱乐场的雪道面积达9万多平方米，东山滑雪场、西山滑雪场均安装了索道、配备造雪机，以及供滑雪游客使用的雪地摩托等。西山滑雪比赛、训练场按照国际比赛标准修建，适合开展专业比赛与训练，滑雪场面积约5.5平方千米，以越野滑雪为主体相继开发越野滑雪道1.5千米、2千米、2.5千米、4千米、5千米。东山滑雪场内有高山速降和初、中级雪道，设有1条双人吊椅索道和2条拉杆式拖牵索道及1条简易拖牵，东山滑雪场面积约4平方千米，项目以高山滑雪为主，兼顾单板滑雪，属城市温泉滑雪场的典型场区。该滑雪场设有灯光滑雪道、少儿滑雪道、初级滑雪道、雪圈道、雪橇道等，场内同时建有雪地摩托场和雪上飞碟场地。阿尔山滑雪场有中级高山索道1条，长度800米，平均坡度12度，最大坡度22度；有初级高山索道3条，累计总长度1 000米，平均坡度6度，最大坡度15度。滑雪场具有国内唯一一条起终点都位于市中心广场的高标准5千米越野滑雪线路和冬季两项比赛用的射击场。自由式滑雪空中场地属国内最大、设施最全的场地。雪场有空中索道1条，长700米，拉杆式拖牵索道3条，累计总长度750米，雪地摩托车6辆，综合来看属于集比赛、训练、大众娱乐于一体的多功能滑雪场。

和东北三省冰雪旅游开发与发展相比较，内蒙古冰雪娱乐活动开展并不算少，但滑雪场总体数量略有不足。冰雪旅游项目对本地区冰雪游客吸引力较大，对外省市或国际冰雪游客吸引力较小。如凤凰山滑雪场，位于内蒙古呼伦贝尔市牙克石市，距离海拉尔87千米，占地面积25平方千米，海拔高度600~900米，是内蒙古自治区规模最大、雪道种类最齐全、雪上项目最丰富、国内滑雪期最长的天然滑雪场。滑雪场拥有1条长800米、运载能力500人/小时的单循环式双人吊椅缆车索道，有总长5 453米的6条滑雪雪道，分为初、中、高级，分别满足不同层次滑雪爱好者的需求。娱雪区内有2条长285米的伸缩拉杆式索道和1条长150米的移动式索道，以供初学者和滑雪圈爱好者娱乐。滑雪服务中心总面积为1 300平方米，不仅可以为游客提供独具特色的餐饮服务，也让游客领略到古朴的自然风情，16栋造型各异的别墅可容纳200余人同时入住。

河北省在北京-张家口联合申办冬奥会的背景下，重点发展和完善区域内滑雪场，如冬奥会举办地张家口市崇礼区内众多滑雪场云集，主要有万龙滑雪场、密苑云顶滑雪场、太舞滑雪场、多乐美地滑雪度假山庄、长城岭滑雪场等。万龙滑雪场是全国第一个以滑雪为主题的国家AAAAA级滑雪旅游景区，目前已开发建成初、中、高级滑雪道共计22条，“金龙”“银龙”“玉龙”等6条雪道获国际滑雪联合会认证。密苑云顶滑雪场现有雪道41条，其中有2条初级道、20条中级道、13条高级道、6条野雪道。“金莲花”“野玫瑰”两条雪道于2012年1月获国际滑雪联合会认证，是2022年冬奥会雪上项目赛事举办地。太舞滑雪场规划103条雪道，总长度为69千米，索道魔毯57条，总投资约200亿元。多乐美地滑雪度假山庄规划100多条雪道和30多条索道魔毯，雪地面积超过30万平方米，是全国滑雪场的主要培训场所。长城岭滑雪场是华北地区最好的天然滑雪区，也是我国运动员在高山上的锻炼场所，规划14条雪道，长度为15千米。翠云山银河滑雪场规划19条雪道，总长度为10千米，索道魔毯6条，雪道面积30万平方米，配备了2条国际一流的高速滑道和12条初、中、高级雪道，能满足大多数游客的需要。富龙滑雪场规划37条雪道，总长度25千米，索道15条，造雪面积75万平方米，是全国首家以服务家庭和儿童为主要特色的城市大型娱乐滑雪场。京张冰雪旅游带的发展依托一定的自然条件，辅以人工技术全新打造冰雪旅游环境。在冰雪资源方面，通过引进人工造雪系统弥补冰雪资源的先天不足；在冰雪服务方面，尽可能地考虑游客的安全、住宿、娱乐多样性等；在冰雪观赏方面，将冰雪活动与长城等名胜古迹相结合，满足游客多重体验的旅游需求。

③西北地区冰雪活动多样化

西北地区以新疆的冰雪闻名全国，其雪期长、雪量大、雪质好，冬季少风、日照充足、温度适宜，具有发展冰雪体育运动旅游的优质自然条件。近年来，党中央、国务院大力推进新疆基础设施建设，体育场馆、景点交通、旅游设施、服务水平都得到很大提高，新疆各类旅游基础设施、冰雪体育设施得到长足发展。相关资料显示，目前新疆各地共有各类滑雪场100余家，其中获得S级认定的有30余家，5S

滑雪场5家，体育旅游接待能力和接待水平都得到大幅提高，形成了以阿尔泰山、天山两个冰雪旅游带，乌鲁木齐南山、阿勒泰市等多个滑雪场聚集区为主的“2+N”（两带+N点）冰雪旅游产业发展新格局。另外，新疆有关部门、各旅游企业下大力气，坚持以游客需求为导向，不断创新冰雪旅游服务模式，丰富旅游产品，打造了一批特色冰雪旅游线路，举办了冰雪马拉松、雪地越野马拉松及大众滑雪、速度滑冰等体育赛事，开发了雪地拔河、滑雪圈、雪地叼羊、滑雪橇比赛、雪地摔跤等特色旅游项目，并结合当地实际，将体育旅游与当地民俗文化、新疆传统美食活动等有机结合，不断丰富新疆冰雪旅游的服务供给，较好满足了群众需求。借助北京冬奥会成功举办的后发效应，新疆通过连续举办冬博会、冬季冰雪旅游节、冰雪风情节、冰雪嘉年华等一系列“体育+旅游”活动，吸引了国内外众多旅游爱好者积极参与，新疆的冰雪旅游品牌得到进一步提升。

④南方各省市依靠技术手段开拓冰雪旅游市场

上海、深圳等发展冰雪旅游的地区是市场指向型冰雪旅游的又一类代表。该类区域发展的冰雪旅游具有以下几个特点：一是因城市本身的影响区域内人口密集，游客众多，冬季冰雪旅游客源市场巨大；二是冬季雪期很短或者没有雪期，基本依靠制冷、人工造雪等技术维持冰雪旅游的发展；三是地理位置极为优越，交通发达，与周边城市或国外的旅游通道顺达，方便游客往来；四是受多种因素影响，区域内居民体验冰雪旅游欲望强烈，又较为抵触诸如黑龙江、吉林等地极端的低温气候，既想体验冰雪旅游的快乐，又不想忍受冬季的寒冷，因此本区域冰雪旅游的发展极大地满足了该部分游客冰雪旅游的需求；五是受自然条件影响，发展冰雪旅游多局限于室内，如室内滑冰、室内冰雪观赏、室内滑雪娱乐等，一般来说冰雪旅游场所规模较小。

如深圳世界之窗阿尔卑斯山室内滑雪场，是我国第一个大型全景式室内滑雪场，位于世界之窗景区内阿尔卑斯山西侧，占地面积约4 300平方米，室内温度在零下5℃左右，积雪的厚度在35~45厘米，可同时容纳150余人。滑雪场的设备多从德国引进，包括通宵制作新雪的造雪机、使室内保持低温状态的制冷管道和通风系统等；雪场采用全景式环境处理，通过巨型喷绘灯光棚模仿蓝天白云的天空效果，总投入资金3 000万元左右。滑雪场内设有面向成人和儿童不同群体的滑雪区、嬉雪区和观雪区，冰雪游客可以在长114米、宽24米、落差12米的雪滑道上玩滑轮胎、雪车、飞碟、滑板等，也能够在人造雪中参与打雪仗、堆雪人、滚雪球等娱乐活动。

这些区域开展冰雪旅游，更多地依赖技术手段，较少依靠自然条件，不受温度等条件制约，因此多数的室内滑雪场全年对外开放，经济利润颇为可观。上海市银七星室内滑雪场（原北海道室内滑雪场）占地总面积100 800平方米，一期项目建筑面积52 000平方米，规模目前为亚洲第一。整个滑雪道长380米，宽80米，最大落差达42米，有坡度12°、15°、17°的三段坡道和一个练习大平台。整个雪场面积25 000余平方米，可供近千名冰雪游客滑雪。滑雪场内温度终年保持在−2℃以下，积雪厚度为30~50厘米。除造雪机和滑雪相关设备外，滑雪场从日本引进10台制冷送氧机，每小时能向场内输送5 000立方米−5℃的新鲜空气，保证场内外空气的流通，杜绝空气传播病菌的可能，充分考虑了游客的健康安全。滑雪场内配置教练40余名，器械3 000多件，服装6 000余套，为游客提供滑雪、雪板、雪船、雪地自行车等娱乐项目。同时，该滑雪场还为游客提供观光吧、七星阁餐厅、桑拿浴场、休息客房、多功能厅、KTV、按摩室、SPA室、茶坊等多种休闲娱乐设施。

（2）国内冰雪旅游目的地发展中存在的问题

①交通成本高，配套设施不完善

目前，国内冰雪旅游目的地在发展过程中主要存在两方面问题：一是由于地理位置和地缘问题，时间成本、经济成本、交通成本都比较高，南方游客去往东北三省和去往新疆，负担的经济成本相差一倍以上，还不包括时间成本以及倒时差等问题，导致很多南方游客放弃到新疆参与冰雪旅游。二是部分地区虽有较好的冰雪资源，但由于经济发展水平较低，基础设施建设较薄弱，特别是像新疆部分地区，由于海拔、气候问题，内地游客需要适应过程，而这些又对相关配套设施和服务提出了新的要求，供需之间矛盾愈发凸显。

②赛事影响力不足，宣传力度不够

冰雪旅游产业属于后发产业，起步晚，发展基础还较为薄弱，产业化水平不高，因此国内举办或承办的大型、专业化冰雪体育赛事相对较少，影响力不够，对冰雪旅游产业的带动力不足，对大众的吸引力也相对不高。另外，冰雪赛事的宣传过于依赖传统方式，传播方式比较单一，对于互联网、自媒体、短视频等的宣传推介还不够，尤其是具有震撼力、影响力的宣传报道出现频率不多。

③冰雪旅游资源质量差异大

我国南北方地区冰雪旅游资源质量存在较大差异。以四川省为例，在冰雪旅游区域方面，四川省九寨沟的冰瀑布景观，峨眉山、毕棚沟滑雪旅游，九皇山的雪上娱乐项目和四姑娘山、海螺沟的雪景观赏，以及兼具滑雪和赏雪的西岭雪山景区等都是冰雪旅游代表性景区和项目，但是，每个区域资源差异较大，西岭雪山开发时间较早，但冰雪资源条件相对较弱，冰雪活动持续时间短，昼夜温差大，辐射范围有限，生态环境一般，冰雪气候典型性不高且自然灾害较多，一定程度上阻碍了西岭地区冰雪旅游活动的可持续、高质量发展。

4.3.4 建设世界一流冰雪旅游目的地的思路与路径

（1）特色化冰雪资源与吸引体系

在资源方面，世界一流冰雪旅游目的地应拥有独特性、代表性、具有一定体量或空间规模的冰雪自然资源或人文资源，资源类型丰富、结构合理、完整性好，全方位地提供冰雪自然生态价值、历史文化价值、科学教育价值、观赏游憩价值。除冰雪资源外，文化资源作为冰雪旅游目的地的灵魂，是体现目的地价值魅力、彰显目的地个性特色的关键。世界一流冰雪旅游目的地应深入挖掘和展示本土文化内涵，彰显目的地的文化特色，形成具有浓厚文化氛围和国际化特质的冰雪文化旅游产品和冰雪活动场景。世界一流冰雪旅游目的地应拥有非常突出的冰雪旅游核心吸引物，并在旅游资源景观与环境、旅游文化与生活、旅游产品与活动、旅游形象与品牌、旅游功能与业态等方面，形成完备的旅游吸引要素体系，且在某些方面具备世界知名度和突出影响力。

（2）优质化设施与服务体系

世界一流冰雪旅游目的地要有现代化综合交通体系和重要的国际门户功能，应关注客流规律，突出人文关怀，不断优化交通体系，以先进的交通设施、技术、管理和服务，为国内外旅游者提供安全、便捷、高效的交通和出入便利。积极打造全球一流的公共服务体系和主客共享的服务空间、旅游咨询、集散体系、旅游厕所、标识标牌、旅游安全等公共服务设施，构建功能完善、便利化程度高、信息化水平领先并达到国际一流水准的公共智慧旅游服务体系。世界一流冰雪旅游目的地应以高质量发展为目标导向，建立健全包括旅游产品质量、旅游服务质量、旅游设施质量、旅游环境质量、旅游管理质量和产业运营质量构成的旅游质量体系。尤其要有达到国际标准的餐饮、住宿、娱乐、游览、购物等旅游接待与生活服务设施，服务标准完善，管理水平较高，能兼顾大众化和个性化旅游需求，建立与国际接轨的旅游服务体系和导游服务队伍，提供人性化、周到温馨的高品质旅游体验和旅游服务，从而形成具有国际竞争优势的旅游服务与文化软实力。

（3）全球性品牌与市场体系

世界一流冰雪旅游目的地应被纳入国内知名的旅游评级体系，如国家级滑雪旅游度假区、国家AAAAA级景区、国家公园等，还应具有被全球认知的旅游品牌，如世界文化遗产或文化景观、世界自然遗产、世界文化与自然双重遗产、人类非物质文化遗产、全球重要农业文化遗产、世界地质公园、国际重要湿地及其他世界级文旅品牌与荣誉。冰雪旅游目的地品牌形象突出，地域或文化特色鲜明，具有全球品牌辨识度、知名度和美誉度，在同类型冰雪旅游目的地中处于世界前列。能针对国内外游客需求，创新旅游营销模式，有效运用新媒体和新技术手段，开展精准高效的旅游宣传促销。建立完善的国际文化交流与融合和国际旅游宣传推广机制，冰雪旅游目的地对国际游客具有较强的吸引力，国际游客占比较高，客源国家和地区多样化，市场规模与效益优势明显。

（4）高效能产业与治理体系

世界一流冰雪旅游目的地建设要依托本地特色资源开发，建设富有文化底蕴和国际元素的世界级冰雪旅游精品工程，冰雪旅游产品结构多元、主题突出、特色鲜明，冰雪旅游供给体系完善。在冰雪体验、观光度假、商务会议等活动中至少有一类具有全球吸引力。在产业布局方面，世界一流冰雪旅游目的地应突出冰雪旅游融合功能，推动冰雪旅游与文化产业、体育产业及相关产业深度融合发展，不断衍生新业态，拓宽产业面，延伸产业链，创造新价值，形成产业结构合理、融合度高、业态丰富、产业体系完善的大冰雪旅游产业格局。在产业集群和效益方面，世界一流冰雪旅游目的地建设应拥有前沿和高端冰雪旅游产业集群，在产业链、供应链现代化水平和综合效益方面程度较高，产业影响力及辐射带动力强大，在服务经济社会发展、满足人民文化需求、促进社会就业、实现减贫脱贫和促进共同富裕、提升文明程度及开展对外交流等方面发挥重要作用。在产业主体治理方面，世界一流冰雪旅游目的地企业的国际化运营和服务水平较高，投融资渠道多元，治理体系规范并达到较高的现代化水平，能引进国际领先的技术成果，也能培育前沿时尚的产业项目，创新能力和国际竞争力较强，能遵循国际通行规则，积极参与制定和采用相关领域的国际标准，有效开展国际产业交流合作。在安全保障方面，世界一流冰雪旅游目的地的安全法规与信用体系健全，能提供周密细致的旅游安全保障，组织领导有力，综合协调机制和旅游市场综合监管机制完备，市场信息化管理水平、治理效能和文明旅游程度较高。

（5）国际化环境与发展体系

建设世界一流冰雪旅游目的地首先要营造良好的生态人文环境。建立科学的资源与环境保护利用体系，在生态环境保护、文化遗产传承、冰雪旅游资源开发等方面有创新举措和突出成效。能够积极推进冰雪旅游地生态文明建设，具有很强的绿色环保意识和生动的环保行为实践，实现冰雪旅游与自然和谐共生的可持续发展。

其次要打造国际化的开放合作环境。坚持开放包容、合作共赢，深化与主要客源国及国际旅游机构的合作，有效服务和对接高质量共建“一带一路”，积极承办和参与国际文化与冰雪旅游交流活动，有效宣传中华传统文化，讲好中国故事，促进对外文化交流和国际冰雪旅游发展。

再次要形成国际化的便利旅游环境。既要营造安全、优质的社会生活环境和诚信、有序的市场消费环境，又要建立统一的涉外咨询和服务平台，为国际游客入境通关、预订、支付和本地旅游、工作、生活等提供便利、友好的服务环境，同时要建立国际化的旅游标识体系，培养多语种导游，提高导游外语服务水平和对外交流能力。

最后要建立国际化冰雪旅游发展支撑体系。要强化组织领导政策支撑，充分调动各方积极因素，统筹推进世界级冰雪旅游目的地的建设工作，在土地、财政、税收、金融、投资、人才等方面形成对世界级冰雪旅游目的地建设的支持与发展合力。强化创新驱动，顺应新一轮科技革命、产业变革和游客需求变化趋势，将创新置于冰雪旅游发展全局的核心地位，加大创新研发投入，实现产品业态、技术应用、消费模式、服务方式和管理手段的全面创新。高质量推进以数字化、网络化、智能化为特征的冰雪智慧旅游，运用新科技手段打造沉浸式冰雪旅游场景和体验产品，增强旅游创新发展动能。强化人才支撑，健全从业人员培训机制，加大冰雪旅游业领军人才、紧缺人才、新技术与新业态人才、冰雪产业国际化人才的引进和培养力度，打造一支与世界级冰雪旅游目的地建设与发展相适应的高素质人才队伍。

4.4 中国冰雪旅游网络关注度

百度指数（Baidu Index）是基于百度公司构建的数据分享平台，百度指数以百度搜索量作为数据基础，计算出关键词在百度网页中的搜索次数。百度指数包含的数据包括某个关键词在百度的搜索规模、规定时间区间的涨跌情况以及相关的新闻信息变化、网民特征分布、网民搜索热度变化趋势等。

目前百度指数包含的主要功能模块有：单个关键词的趋势研究，包含整体趋势、PC趋势和移动趋势、人群画像、需求图谱和舆情管家；行业的整体趋势、人群属性地域分布、搜索时间特征。指数以百度智能分发和推荐内容数据为基础，将网民的阅读、评论、转发、点赞、不喜欢等行为的数量加权求和、指数化处理后得出，全面衡量网民对智能分发和推荐内容的被动关注程度。资讯指数连同搜索指数形成完美闭环，从被动到主动，从信息触达到主动搜索，用“主动搜索+内容关注”来表达和诠释网民对某一话题的关注程度。

4.4.1 中国冰雪旅游网络关注度特征

（1）赛事效应影响明显

2011—2020百度指数显示，中国冰雪旅游网络关注度呈缓慢上升态势。自2011年开始，网络关注度有缓慢上升趋势，但在2013—2014年，受全球经济影响和金融危机波及，冰雪旅游网络关注度下降趋势明显。直至2015年，北京-张家口联合申办2022年冬奥会获得成功，冬奥会效应直接映射到网络关注度上，网络关注度开始进一步增长，是近年来增速最快、增幅最明显的一年，搜索指数增长迅速，涨幅为86.9%。近年来，随着中国经济不断发展和居民收入增加，“冰雪旅游”搜索指数呈现稳步上涨趋势，2016—2018年，冰雪旅游网络关注度搜索指数共增长了41.6个百分点，2018—2019年，增长了6个百分点，2019—2020年，增长了9个百分点。由此推测，经济发展水平与冰雪赛事效应对冰雪旅游网络关注度影响较大，随着北京-张家口冬奥会的完美落幕，冰雪旅游网络关注度势必迎来新的搜索高峰。

（2）季节性差异显著

高频次月份主要集中在每年的11月、12月、1月，关注度数据依次为2 838次、3 704次和2 697次，7月与8月是冰雪旅游网络关注度的年度低谷时期。由于冰雪旅游信息搜索是冰雪旅游的前置行为，冰雪旅游消费者需要提前做好规划，因此每年11月开始，冰雪旅游网络关注度呈直线上升，网络用户对冰雪旅游的关注度与冰雪旅游出游季在时间上具有明显的“前兆效应”。进一步利用季度指数R对网络关注度的季节差异进行验证，结果显示，2011—2020年中国的冰雪旅游网络关注度季节强度指数均大于1，且在2015年后，季节强度指数逐年提高，证明冰雪旅游网络关注度季节性明显，各月分布不均匀，具有旺季短且集中、淡季长而分散的特点。

（3）冰雪活动形式丰富

百度指数中“需求图谱”板块中，以“冰雪旅游”为核心的关键词中，冰酒店、滑雪、冰雪节、吉林雾凇、温泉旅游、哈尔滨冰雪旅游搜索频次名列前茅（如图4-1所示）。从时间线上来看，从2011年至2020年，“哈尔滨冰雪旅游”关注度整体呈现先降后升的“V”形趋势，在2017年达到最大关注度51 070次；“吉林雾凇”关注度整体呈现稳步上涨趋势，在2018年达到最大值142 324次；“温泉旅游”关注度呈现先升后降的趋势。“冰酒店”的整体关注度较高，近10年平均关注度都在百万以上，这一现象一方面反映出网络用户的猎奇心理，另一方面折射出北欧国家建造冰酒店在全球旅游消费者心中产生的广告效应。此外，“滑雪”和“冰雪节”也成为网络用户的搜索热词，体验性冰雪活动和节庆活动依然是中国大众参与冰雪旅游的重要需求。

a. 我国冰雪旅游网络关注度时间搜索指数变化差异

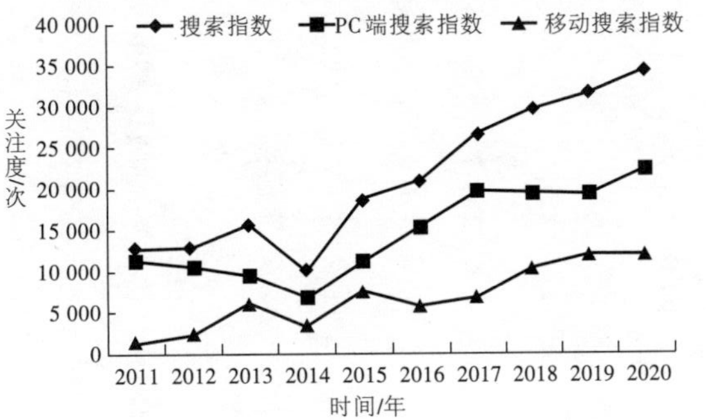

b. 2011—2020年冰雪旅游网络关注度月度均值

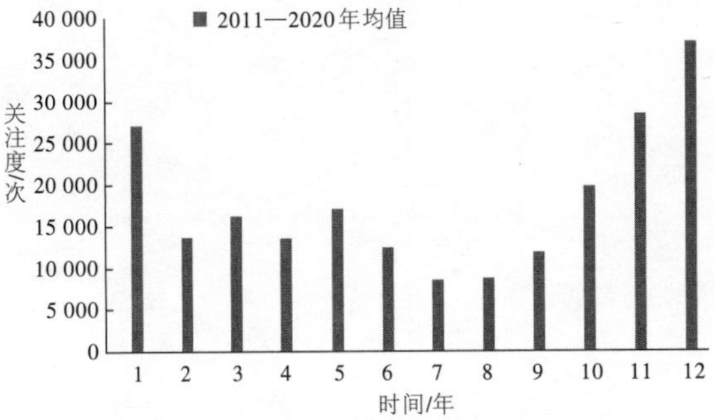

c. 冰雪旅游网络关注度季节强度指数

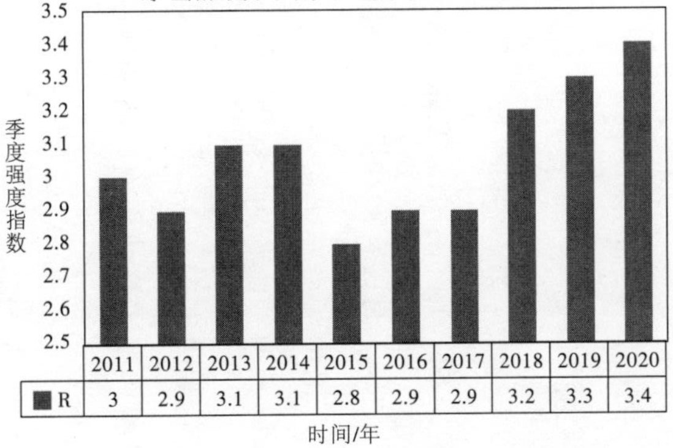

d. 2011—2020年冰雪旅游相关信息网络关注度变化

年份	哈尔滨冰雪旅游	吉林雾凇	温泉旅游	冰酒店	滑雪	冰雪节
2011	19 032	80 056	127 708	873 358	602 074	68 550
2012	22 630	85 571	124 197	1 149 252	427 890	127 950
2013	20 135	93 308	92 859	1 115 394	483 073	122 203
2014	13 298	95 165	87 297	1 292 044	509 512	177 856
2015	31 923	126 331	98 170	1 579 407	609 422	209 257
2016	42 665	129 712	80 543	1 220 939	497 605	252 304
2017	51 070	135 138	70 983	1 625 502	456 063	215 721
2018	5 117	142 324	79 612	1 194 779	508 180	142 467
2019	36 221	133 023	89 340	1 016 451	477 768	121 042
2020	47 438	134 507	89 134	1 145 372	413 649	112 440
平均值	31 953	115 514	93 984	1 221 250	498 524	154 979

图4-1 中国冰雪旅游网络关注度相关时间差异变化

（4）青年人群成为主要参与者

在冰雪旅游网络关注度人群属性特征方面，利用百度指数的“人群画像”模块功能，获取中国近10年来冰雪旅游网络关注度人群的信息流，通过用户IP归属地功能，统计该人群的身份来源和人群属性特征。其中，男性占比27%，女性占比73%；20~29岁人群占比40%，30~39岁人群占比32%，19岁以下人群占比16%，40~49岁人群占比接近9%，50岁以上人群占比2.5%，从人群年龄特征来看，青年人群占据绝对优势。

（5）南北地域差异大，东北地区优势明显

2011年，冰雪旅游网络高关注区为黑龙江、吉林、北京等地；2016年，冰雪旅游网络关注度除集中在上述地区外，东部沿海区域的江苏、上海和广东等地的冰雪旅游网络关注度贡献率呈增长趋势，中部地区省份亦有启动迹象；2020年，除了传统优势地区外，冰雪旅游网络关注度在东部沿海地区呈现群起之势，尤其以广东、上海等省市为代表，中部地区的河南和西部地区的四川也增长较快。结合2011—2020年期间的综合数据，受冬奥赛事效应与政策拉动，北京以平均关注度7 577排名首位，黑龙江哈尔滨排名次席，排名第3的为吉林长春，东部沿海区域的广州排名第4，排名第6、7位的分别是杭州和上海。通过省份和城市数据分析，关注度较高的人群主要来自中国东部沿海经济发达省市，上述地区互联网普及率高，交通路网发达，旅游消费意愿强烈，冰雪资源相对稀缺，冰雪旅游对以上地区人群形成较强吸引力。

从整体演进趋势上看，按照中国东、中、西部的行政区域划分标准，东部和中部在2013—2016年期间的网络关注度保持共同增长的趋势，而在2016—2018年期间，东部增长迅速，网络关注度上涨了68.7%，中部次之，上涨幅度为47.2%，而在2019—2020年间，两大区域的上涨幅度更为明显，东部的上涨幅度始终高于中部，并且网络关注度的差距也在逐步拉开。西部地区的冰雪旅游网络关注度在10年间一直处于低谷阶段，增长速度缓慢。

进一步从地理集中指数G方面来看，中国冰雪旅游网络关注度从2011年至2020年的地理集中指数总体呈现从集聚到分散的发展过程，其中在2014年和2015年出现波动，而2015年正是北京冬奥会获得成功申办的时间，说明重大事件对网络关注度空间集聚具有显著影响。2017年后，地理集中指数逐年递减，冰雪旅游的网络关注度空间分布逐渐分散。从目前的空间分布数据来看，中国冰雪旅游网络关注度空间分布集中于两类区域：一类是经济发达、人口密集的东部沿海地区，以北京、上海、广州等超一线城市为代表；另一类是冰雪资源相对丰富、交通区位与网络用户人群靠近的区域城市，包括哈尔滨、长春、张家口等。

4.4.2 中国冰雪旅游网络关注度的影响因素

冰雪旅游网络关注度受多种因素的综合影响，已有研究表明旅游网络关注度是现实游客量的前兆，也验证了二者之间存在双向的因格兰关系，因此，推测影响现实客流量时空分布的影响因素也会影响冰雪旅游网络关注度。并且在时间分布特征上，冰雪旅游具有明显的资源性、季节性特征，且在大型赛事前后具有波动大的特征，因此冰雪旅游资源和大型冰雪赛事两项指标是影响冰雪网络关注度时间分布的主要因素；在空间分布特征上，网络关注度受客源地经济发展水平、网络发达程度的影响，并需要综合考虑其他相关因素如人口年龄结构、消费支出等对网络关注度的影响。基于此，本书概括出以下五个方面的影响因素：

（1）人均GDP是首要影响因素

人均GDP与冰雪旅游网络关注度高度相关，这说明网络用户或潜在旅游者所在地区的经济发展水平越高，他们参与冰雪旅游的动机就越浓厚，对信息的搜索也越强烈，反映出冰雪旅游具有较高水平消费的特征，地区的经济发展水平在冰雪旅游网络关注度中成为首要影响因素。

（2）冰雪旅游资源和冰雪赛事效应是关键影响因素

中国冰雪旅游资源重地黑龙江、吉林获得较高网络关注度；而北京、张家口等地区依托原有的冰雪资源与冬奥会的大力建设，拓展和丰富了冰雪资源和冰雪场馆，加上高质量的品牌建设，不断拓宽冰雪旅游消费市场，网络搜索指数也呈逐年上升趋势。

从冰雪赛事角度考量对旅游目的地产生的影响，冰雪赛事影响力的大小是关键因素，应从赛事的级别、规模、特色等方面综合考虑，通常赛事影响力和网络关注度的排序为冬奥会>世界级赛事>中国赛事。一部分人群以现场观赛的形式前往赛事举办地观赛，同时将赛事举办地作为旅游目的地；另一部分人群通过线上搜索、观看、互动等方式关注比赛。这两类人群都会带动冰雪赛事旅游目的地的网络关注度。

（3）网络普及率和人均消费支出是重要影响因素

由于中国各区域、省际存在网络普及率的差异格局，进一步推动了中国网络关注度的空间特征呈现“东部高、西部低、中部缓慢”差异格局，2020年第47次《中国互联网络发展状况统计报告》显示：广东、上海、浙江等地区互联网普及率和网民数量高于其他地区。因此，各地区网络普及率的差异对冰雪旅游网络关注度产生了正向影响。

一方面，当前中国大众冰雪旅游平均消费水平不高，还有相当大的消费空间和消费潜力，亟待挖掘；另一方面，也体现出大众在文化、娱乐、体育、休闲消费方面的选择更加多元，消费项目更加多样，影响到冰雪旅游消费支出。

4.5 冰雪旅游发展的地区实践——以东北三省为例

4.5.1 冰雪旅游产业发展与东北全面振兴同频共振的理论逻辑

（1）北京冬奥会后效应下的冰雪旅游

以2022年北京冬奥会的成功举办为节点，我国冰雪旅游产业迈入新发展阶段，这得益于宏观层面自上而下的引导和微观层面自下而上的回应。在申办和举办北京冬奥会期间，无论是职业选手还是普通民众都在促进冰雪文化的传播，在产业发展方面发挥了关键性作用。尽管他们角色不同、职责各异，但其作为行动主体的“人”的本质具有一致性，二者在冬奥会中的贡献和转变都为我们深入研究社会结构、文化背后的社会关系，探讨后冬奥时代“冰雪奇缘”的赓续等提供了思考。此外，我国民众在冬奥赛事的“集体欢腾”中也提高了对冰雪文化的认知，参与人群相较以往有了大幅提升。

在后冬奥时代，将大众的冰雪具身体验转化为惯习行为，成为延续北京冬奥“冰雪奇缘”、推动后冬奥冰雪产业等发展的关键。除了大众冰雪启蒙，北京冬奥期间冰雪运动员通过身体展演和夺冠成为“网红”，这种跨领域合作的现象，展示了多样化的主体认知，为后冬奥时代理解集体认知及价值走向、正确引导冰雪文化等价值、再续“冰雪奇缘”提供了深刻的思考。在北京冬奥期间，东北籍运动员的精彩表现，在唤醒东北存在感、改善东北形象、促进东北冰雪产业等发展中发挥了积极作用，这种积极作用为后冬奥时代继续发展“冰雪奇缘”提供了地域性的思考。同时，也回应了北京冬奥会后效应和东北冰雪文化产业振兴的理论逻辑、实践逻辑以及提升路径等方面的问题。

（2）媒介喧嚣下的冰雪文化需要重塑

北京冬奥会作为全球瞩目的综合体育赛事，聚集了全世界冰雪运动领域的高水平运动员，媒介不仅向大众展示了高水平的竞技比赛，而且在网络社会中人、技术和数据的交互使用下，打造了媒介视域中的体育明星。冬奥期间，以谷爱凌和武大靖等为代表的中国冬奥明星运动员在媒介宣传下，以身体展演促进了冰雪文化宣传，同时因体育明星“人设”、社会声望提升、网络“爆红”等获得了流量变现和跨领域合作的机会。在比赛转播过程中，观众们通过全景化的数字媒体渠道观看选手们的表现，这种与个体网络化、社会化生活方式深度融合的呈现方式，在一定程度上成为社会秩序的支配力量。运动员一旦成为奥运会金牌得主，在网络媒介以及由“粉丝”凝聚而成的“流量”推动下，运动员成为自媒体世界的“网红”达人。鉴于竞赛体育活动身体展演及竞技的本质属性，其本身就具备身体消费和休闲娱乐的属性，所以借助网络传媒的力量，以高水平体育竞技为主线的生物体意义上的身体与精神生活中的各种符号在经历解码和编码后，成为消费和资本互构的关键力量。后冬奥时期，如何发挥北京冬奥会的后期效应，将“网红”变为“长红”，如何净化意识和认知，平衡集体意识创造出来的物质世界，则是在媒介喧嚣之后所面临秩序重建的核心议题。

（3）东北人的冬奥机遇与久违的存在感

东北地区曾经是新中国成立后的工业发展重地，也被誉为共和国的“长子”。新中国成立初期，东北地区建立了大量工业基地，为我国工业化进程作出了不可磨灭的贡献。到了20世纪八九十年代之交，东北老工业基地出现能源、资源短缺等问题，面临着人才流失等尴尬局面，经济发展出现了严重的衰退，陷入“船重而大，不易调头”的困境。近年来，随着东北经济的衰退，以及部分媒体为博眼球对东北少数人群行为失范所进行的扩大化、碎片化信息传播，东北形象被歪曲，甚至呈现出具有地域歧视特征的负面效应。

2022年1月28日，北京冬奥会中国体育代表团正式成立，其中运动员176人。按照出生地划分，共有100名东北籍的运动员参赛（其中黑龙江63人、吉林26人、辽宁11人），占总人数的56%。在本次北京冬奥会，中国队共拿下9枚金牌，其中东北籍运动员就包揽了6枚。不仅如此，东北人在本届冬奥会的技术官员、裁判、赛事解说等运营团队中也占较大比例。东北话成为媒体中除普通话和英语的另一种主流语言。

北京冬奥会的举办在一定程度上增强了东北人的存在感，主要表现为三个方面：第一，北京冬奥会成为东北地区宣传和展示冰雪运动及冰雪文化的重要契机，也为东北的冰雪旅游和产业发展埋下了伏笔；第二，北京冬奥会在实现民众冰雪文化启蒙的同时，也激发了冰雪“冷资源”向“热经济”的转变，东北的资源及区位优势也为纾解大众冰雪旅游压力及需求提供了重要支撑；第三，借助北京冬奥会，东北地区在冬季体育项目上的优势得到了充分体现，这为周边地区冰雪运动的发展提供了有力的政策支持和资源投入，也带来了大众对冰雪旅游参与的热忱，不但能使部分东北地区成为重要冰雪旅游目的地，也将在带动东北冰雪文化产业发展的同时给东北产业结构的调整和再开发带来前所未有的契机。

（4）冰雪旅游产业将成为东北经济的新增长点

北京冬奥会的效应在于国民冰雪文化的启蒙，以及由此激发的民众冰雪旅游消费欲望和潜力，这也是“冰天雪地也是金山银山”的价值内涵之一。随着近年来东北经济的衰退，东北的区域优势和发展的信心也相应降低。然而气候和自然环境并不是制约东北发展的核心要素。习近平总书记提出的“冰天雪地也是金山银山”便为东北发展提供了思路，即借助冬奥会的契机和后效，推动冰雪旅游产业发展，从而进一步实现区域经济的均衡发展。从目前我国冰雪运动发展情况来看，虽然北京冬奥会实现了“带动三亿人参与冰雪运动”的目标，但在3.46亿人参与冰雪运动的背后，仍然存在参与度和资源供给不均衡的矛盾。从区域分布上来看，东部地区是冰雪运动参与程度最高的地区，达到1.43亿人，东北地区为0.51亿人，中部和西部地区分别为0.68亿人和0.84亿人。随着后冬奥时代民众冰雪旅游参与潜力的进一步释放，拥有丰富冰雪资源的东北地区具有了成为冰雪旅游发展重地的潜力。在承认东北地区的资源优势及区位优势的同时，也要认识到，技术的发展使冰雪场地的建设具有了更大的自由度，如今长三角等南方地区也实现了冰雪场馆的建造，而由北京冬奥会所带来的挤出效应与虹吸效应，更是给东北地区冰雪旅游等发展带来了挑战。虽然我国目前所拥有的2 000个左右冰雪场地（其中雪场数量小于冰场数量）尚不足以满足民众需求，冰雪市场仍未饱和，东北冰雪旅游市场还有发展空间，但面对更科学、更先进、更便利、服务水平更高的北京、河北等地区的冰雪旅游，如何构建和完善具有东北地区特色的冰雪文化产业群成为关键。

（5）冰雪旅游产业助力东北全面振兴的逻辑进路

如何通过国民“冰雪奇缘”的文化赓续助力东北冰雪产业发展，进而推动东北全面振兴？除去价值体系的改革及产业结构的优化外，还需要转换文化制度和思考模式。冰雪运动的具身体验告诉我们，冰雪运动是兼具挑战者精神和探险意识的运动，更符合“英雄主义”

"探险家"气质。在推动东北的新发展阶段转型过程中，不能忽略文化制度的影响，但文化并非唯一因素，需要全面评估东北发展的实际状况。面对北京冬奥会的后效，从本质上构建冰雪旅游产业与东北振兴的理论逻辑，需要将问题归根到"人本"和宏观的基础思维上来，客观理解"人"在推动冰雪产业发展和冰雪文化建设方面的作用。制度通过人的主体性作用带动东北经济发展的转型，其短期目标是以冰雪旅游和文化为契机带动产业结构调整，充分释放后冬奥时期冰雪消费潜能，构建完整的冰雪旅游产业链，激发经济活力；从长远的视角来看，要通过调整新兴产业，以冰雪旅游展现资源禀赋和文化禀赋的力量，破解"工业文明"思维约束，实现由"工业文明"向"生态文明"思维的转向。在本质上构建这一理论逻辑体系时，我们应该建立由文化、制度、观念、价值和行为认知构成的逻辑循环关系，包括文化涵养制度、制度决定观念、观念体现价值、价值决定行为的逻辑递进。同时，微观层面人的观念认知和行为也会因制度的创新和有效治理体系的建立而改变，也必然对涵养社会文化空间起到关键作用。这不仅是立足于北京冬奥后效思考东北全面振兴问题的关键，同时也是践行习近平总书记指出的"冰天雪地也是金山银山"发展理念的核心要义。

4.5.2 冰雪旅游发展的财税政策工具应用与实践

(1) 东北三省政策文本中的财税政策工具

国家层面颁布的冰雪产业政策文本中提出要"以东北地区为基础，稳步推进和建设冰雪产业"，可见东北地区的冰雪产业发展是国家的"根基"，其发展成果和效应也将对全国其他地区冰雪产业发展具有示范效果，因此，国家对于东北地区的冰雪产业发展给予了高度重视。

在国家冰雪产业发展的政策引领和指导下，东北三省也迅速行动，各自颁布了本省的冰雪产业发展政策。作为中国冰雪旅游资源最为充足、冰雪场地设施最多的黑龙江省制定了《黑龙江省冰雪装备产业发展规划（2017—2022年）》，提出以冰雪装备产业发展推动冰雪经济强省建设；吉林省发布了《关于做大做强冰雪产业的实施意见》，将冰雪产业发展确定为吉林省经济新的战略增长极；辽宁省在2020年也印发了《关于加快推进冰雪运动发展的实施意见》，为辽宁省冰雪产业发展提出明确目标、各项任务和具体要求。根据东北三省出台的三份文件可以看出，各省基本形成了以税收优惠、项目补贴、贷款贴息、奖励等为核心的财税政策工具体系（见表4-2）。

表4-2　**东北三省关于冰雪产业发展文件中的财税政策工具及内容**

文件名称	工具出处	财税政策工具及内容
《黑龙江省冰雪装备产业发展规划（2017—2022年）》	四、保障措施 （一）加大投资政策支持	贷款贴息、项目补助：给予不超过5%的贴息或补助，最高不超过2 500万元
	（二）加大财税政策支持	奖励、贷款贴息：对符合条件的民营企业给予贷款贴息、项目补贴；对符合条件的企业一次性补助1 000万元或200万元，对民营企业参与政府组织的大型展会活动给予支持和补贴。税收优惠：企业所得税15%税率优惠
	（三）加大人才政策支持	奖励有突出贡献的冰雪装备科技人才

续表

文件名称	工具出处	财税政策工具及内容
吉林省《关于做大做强冰雪产业的实施意见》	四、增强冰雪产业支撑（五）加强产业政策支持	设立冰雪产业专项基金、财政预算、政府购买、免费或低收费开放冰雪健身场所 税收优惠：取消、停征、免征和降低标准收取部分行政事业性收费减免政策；企业所得税15%税率优惠；非营利组织享受税费优惠政策；体育、旅游、文化企业广告费税前扣除；创意和设计费用税前加计扣除；免征房产税及城镇土地使用税
辽宁省《关于加快推进冰雪运动发展的实施意见》	五、加快冰雪产业发展（四）大力促进冰雪体育消费	免费或低收费开放公共冰雪健身场所
	七、加强组织实施（三）增加冰雪运动投入	设立冰雪运动发展专项基金

（2）东北三省冰雪旅游产业财税政策工具运用现状及问题

相对于国家层面出台的冰雪运动发展政策，东北三省在一定程度上保留了已有的财税政策：黑龙江省保留了税收优惠、政府购买和项目补助工具；吉林省保留了税收优惠和奖励的财税工具；辽宁省则保留了免费或低收费开放公共冰雪健身场所这一政策。在对于财税政策工具补充上，东北三省也根据各自实际填充了部分内容：黑龙江省提出了贷款贴息、后期奖励的财税政策工具；吉林省提出了财政预算的工具；辽宁省设立了冰雪运动发展专项基金。由此可见，东北三省出台的冰雪产业发展相关文件在沿用国家的财税政策工具的基础上，进行了部分内容的拓展和具体措施的补充，但是地方政府政策目标文本的“政绩化”和政策措施的“笼统化”仍然是制约东北三省针对冰雪产业政策再制定的障碍因素，主要问题集中在以下三点：

①地方差异性缺失，且与本地区的契合性不足

从冰雪产业财税政策的制定到实施，再到政策效力产生的复杂过程中，地方政府是落实国家冰雪产业财税政策目标的执行者，政策实施的效果与政策目标的实现，必须由地方政府对国家冰雪产业政策支持程度以及再制定方针决定。如果地方政府对国家冰雪产业政策倾向与预期契合度不符或与国家政策基本一致，导致出现选择执行、机械执行、象征执行和曲解执行等问题，那么不仅会失去产业政策供给的本源效力，还会影响冰雪产业既有规律的正常发展。虽然国家政策大多具有普适性，但东北三省制定的政策在一定程度上忽略了各省冰雪产业之间的内部差异，未能契合各自地区的冰雪产业发展实际。由于地缘、资源与降雪量等自然因素的不同影响，东北三省对于各自冰雪产业的发展目标和发展内容不同，势必要在政策工具文本的具体条款上有所体现，但目前制定的政策依然是对国家政策文本的简单平移，黑龙江省和吉林省仅提出了贷款贴息和财政预算两项其他的财税政策，辽宁省对税收优惠的政策工具未曾提及。综合来看，东北三省在财税政策工具的内容制定上不够丰富，创新不足、力度不大；在条款的选择上与本地区发展实际不够契合，大多数政策内容较为趋同，没有针对各自的冰雪产业发展规划制定更有针对性、更为具体的产业发展政策，未能充分体现出政策工具的地缘性和实效性，因此导致政策效力发挥不足，执行效果不佳，难以实现东北三省冰雪产业高质量发展的既定目标。

②工具组合缺乏多样性与灵活性，对人才吸引力不够

由于冰雪产业在我国发展历程较短，因此针对冰雪产业发展的政策工具还处于探索阶段，基于“摸着石头过河”的原则，东北地区各省出台的宏观政策多，微观细则少，财政政策扶持手段单一，对于工具的组合与合理运用缺乏清晰、灵活的政策导向，大多是围绕税收政策中的税收优惠为主，且税收优惠的广度和深度不足，多局限于房产税、城镇土地使用税优惠，涉及冰雪产业经营管理方面的税收优惠政策较为缺乏，且缺乏政策的多样性与灵活性，这既不利于政策的完整度与效力性，也有碍于各种政策工具之间的衔接性与关联性。

此外，当前财税政策中对于冰雪产业发展中居于核心主导力量的高层次、创新型人才的奖励相对不足，而对人才的吸引和激励应该是政策工具制定中最不可忽略的要素。从外在因素看，东北地区本来具有较好的人才基础，区域内科研院所众多、高校林立，但由于大城市和东南沿海地区经济发展速度快，产业发达，对劳动密集型人才吸引程度较高，导致东北地区人才外流现象严重。从内在因素看，在冰雪产业现有政策工具中，一方面缺少必要的激励机制留住现有本地人才，另一方面政策与相关待遇也很难吸引外来人才。仅从现行个人所得税政策来说，缺乏地方性个人所得税优惠政策，现有政策实践极少突破税收优惠、税前扣除等思路，不利于吸引更多的人才投身冰雪产业的建设、运营与管理。

通过对东北三省冰雪产业政策的梳理，可以看出，各省均没有充分利用财政投资、财政拨款、财政担保等支出型政策工具，对支出型政策工具的性能挖掘不够，比如对项目奖励政策，究竟哪一种奖励形式更有利于激励冰雪产业发展、促进冰雪消费？这些问题都需要进行深入探讨和实践检验，财税政策工具在冰雪产业运用中无论是政策种类还是政策力度以及政策工具设置的合理性都亟待改进与提升。

③产业属性欠缺，专门性的冰雪产业财税政策工具有待挖掘

在北京冬奥会的背景下，冰雪产业所覆盖的领域不断拓宽，产业质量逐渐提高，产业效益也在逐步增长，但在东北三省出台的相关政策中，对冰雪产业独特规律与自身属性的准确把握仍有欠缺，与其他产业领域财税政策工具的使用相比缺少明确具体且专业的政策设计，仍沿用其他产业政策工具的“帽子”，政策涉及的领域广度和深度不足，缺乏对冰雪产业发展本质的深度分析，在这种政策覆盖的范围相对较小又缺少针对性的情况下，会导致冰雪产业自主创新能力不强，政策刺激效果不高，形式上虽然保持了产业之间的工具统一，但实质上难以对冰雪产业发展绩效形成积极推进，既违背了冰雪产业自身的发展规律，又缺少对各省冰雪产业差异的考量，结果只能是引起财税政策工具效率的降低、冰雪产业绩效的低下和实际运营风险的升高，势必失去设立冰雪产业财税政策工具的应有之义。

上述观点的表达并不是说东北三省冰雪产业税收优惠政策的内容不应该从国家现行的冰雪产业乃至其他产业税收优惠政策中加以提炼，而是强调无论是创新，还是借鉴既有的产业税收优惠政策，都不应机械、简单地平移各类现行政策文本中的产业税收优惠规定，而应以科学的政策设计准则和思路对其进行全方位审视，确保选取的税收优惠政策工具内容不仅具有正当性和合理性，还应符合冰雪产业自身的产业发展规律。

（3）东北地区冰雪产业财税政策工具优化策略

长期以来，财税政策工具一直是政府作为调控经济发展的重要手段，它是实现政府预期目标所采取的特定手段，在解决许多行业相关问题方面发挥了重要作用。因而，东北三省冰雪产业的发展在很大程度上取决于地方政府重新设计、改进优化本地区的冰雪产业发展政策，而地方政府制定出台的相关政策又是对国家关于冰雪产业政策重

塑的具体表现形式。因此，综合评价地方政府对国家冰雪产业财税政策再制定的协同力与创新力，对了解把控我国冰雪产业财税政策的执行落实情况、科学调整冰雪产业财税政策的发展轨迹具有重要的现实意义。

①构建一体化政策联盟，加快形成政策合力和提升治理效能

加快东北三省冰雪产业发展，一是需要细化并完善“一省一策”的政策工具，根据三省各自的资源禀赋特点、经济发展水平、发展目标、营销战略等因素以及在本省政策执行中遇到的突出问题进行文本内容的增减、修改和完善，使之更进一步契合本省发展实际。在政策的执行上，打破原有的部门固化、条块分割、各自为政的发展思路，加强协调各政府部门之间的联动，严密统筹全面的协调衔接，通过对各种政策工具的组合、指导与配合，发挥政策的激励导向作用，全力推进政策合力效果最大化。在具体模式上，建议学习借鉴广西发展体育产业的做法，召开促进冰雪产业发展联席会议，更好地整合各职能部门的力量，确保各项政策措施有效落实。

二是为消除东北三省冰雪产业政策发展之间的壁垒，防止恶性竞争，实现本地区冰雪产业价值最大化和最优发展效益，需要三省凝聚地域合作、协同发展的共同理念，在遵循前期制定的“一省一策”冰雪产业政策前提下，通过对政府层面、行业部门、社会组织、企业内部四个维度的协调对接，加快构建东北地区冰雪产业一体化发展政策联盟，形成“三省一策”，特别是在冰雪产业财税政策方面，借鉴国内长三角、京津冀等区域政策协同发展经验，统一谋划、协商共议，共同促进地区冰雪产业协调发展。

三是在制定政策工具文书内容方面，着重突出政策内容的实效性和落地性，完善行政组织和投入的权责清单制度，明晰冰雪产业组织的职权，改进政策执行的反馈调控。只有完善冰雪产业政策的制度和

切实形成政策的实施机制，加强政府部门之间的合作力度，才能避免发展中政府间的碰撞并充分体现政策效应的具体效果。

四是需要进一步完善财政、税收等政策制度体系，制定规范统一的激励政策。在财政补贴方面，明确完善补贴的标准和范围，建立健全的资金使用规范体系，强化监测制度，加大监测范围，提升对资金流入和流出的动态监控，加强财政资金的合规性及安全性；在税收方面，政策制定应采取“规则组合、多规合一”的方式，结合使用增值税、消费税和所得税等相关税收工具。政府要转变工作职能，从管理到服务，从领导到指导，鼓励社会组织和商业资源参与冰雪产业发展，加强市场各主体之间协调发展，减少规制性措施的大范围使用，使社会组织和企业资源尽可能向冰雪产业靠拢集聚。在政策工具方面，有必要扩大市场有效需求型政策工具的使用力度，适当降低供给型与环境型政策工具的使用频次，切实有效提高冰雪产业政策工具对产业发展的治理效能。

②大力促进冰雪产业发展的财政激励政策工具

按照学者张瑞林（2018）对东北地区政府与市场关系的界定，当前东北地区属于“强政府、弱市场”的发展格局。

冰雪产业的发展应充分考虑其发展格局和实际情况，一方面发挥“强政府”的主导优势，在财政资源相对有限的情况下注重财政资金配置的效率优先，强化各级资金统筹；另一方面“强政府”要遵循国家提出的“放管服”改革，在冰雪产业发展上“放低姿态”、简政放权，加快政府的体育治理职能转变，培育与壮大市场与社会主体，为市场工具与自愿性工具选择奠定基础。

在“弱市场”的扶植上，政府可专门设立“冰雪产业专项基金”或者“冰雪产业创业投资基金”，该方式是由政府联合非政府组织如社会民间机构与资本方、冰雪产业相关生产经营企业，通过定向募捐的方式，由政府主导提取一定比例的财政资金，通过基金份额、股份等方式募集冰雪产业投资发展资金，交由专业金融机构进行专业管理和市场化运作，提高财政投资效率。

在企业层面上，为鼓励自主创新，可以适当给予中小型冰雪企业专项补贴资金，培育中小型冰雪企业成长壮大。另外，通过财政优惠政策吸引和鼓励社会资本投入冰雪产业，形成冰雪产业投资资本的有效聚集。以冰雪产业发展基础中的冰雪场馆设施为例，由于其存在投资大、周期长、风险高、盈利不确定等特点，具有较强的财政投入不确定性和融资风险，完全依靠国家或企业的单一力量很难实现独立建设和运营，因此采用公私合营（PPP）投融资模式是可行方案。通过政府、社会和个人共同合作进行冰雪产业项目的开发，既可以发挥财政宏观调控政策工具的激励职能，减少政府部分投资和管理维护费用，还可以通过引入社会资本和民营企业参与运营管理的方式发挥企业所长，也提升了企业参与冰雪产业建设的积极性。

在市场层面上，需要建立针对冰雪产业的政府采购制度，推行政府向符合标准的冰雪运动经营性企业购买公共服务，促进优质冰雪企业的生产和销售，同时定期向居民发放免费的冰雪运动消费券，浓厚冰雪运动氛围，扩大冰雪产品覆盖，鼓励更多人参与冰雪运动，形成正向激励效应。

③合理发挥冰雪产业发展的税收优惠政策工具作用

税收优惠因种类丰富、成效显著、机动灵活等特性受到多方好评，因此政府要注重冰雪产业的税收优惠政策，最大限度地发挥其产业发展助推器的作用。原则上，税收优惠不应被采用，因为它背离了量能课税的基本法理，有违税收公平。但如果是基于公共利益，则可以视为公平原则的排外适用。因此，在选取冰雪产业税收优惠政策的具体内容时，既要恪守量能课税的底线适用，又要确保拟定的冰雪产业税收优惠具有正当目的。综合来看，采用“列举+授权”的形式方案是更为稳妥的选择，因为这种方案既可兼顾税收法定与授权立法的内在平衡，又可顾及冰雪产业税收优惠稳定性与灵活性的有机统一。

建议从以下三方面实行税收优惠政策：

第一，加强对冰雪装备制造企业的税收激励。考虑到东北三省国有企业众多，尚有不少未建立完善的现代企业制度，可借助新一轮“东北振兴”战略和国企改革春风，推动国有控股下的冰雪产业相关上下游企业多主体持股、交叉持股，构造规范的混合所有制。在可选择的税收政策工具中采用“列举+授权”的方式给予冰雪企业股权交易过程中发生的企业所得税、增值税等相关税收减免优惠，以及因企业兼并重组和转型而形成的产品库存按损失在应纳税所得额中予以扣除等，激发冰雪产业发展中的企业主体活力。根据我国现行企业所得税法规定，国家重点扶持的高新技术企业，减按15%的税率征收企业所得税。因此，对拥有核心技术和自主知识产权的企业应予以一定比例的税费返还奖励或税收减免。对于产品研发经费，无论数额多少均在税前进行扣除，以此支持冰雪高新技术企业的持续稳定创新，推动相关产业的高速发展。此外，对于上市两年以上、采用股权投资的高科技企业，可按其创业投资额的50%税前抵扣其纳税所得额，以减轻企业的税负。

第二，提高对经营性冰雪场馆及旅游景区的税收优惠政策。首先，灵活运用税收减免、税率优惠、再投资退税等直接税收优惠政策，对参与冰雪场馆和景区投资的国有资本予以税收扣除、加速折旧、税收抵免等间接税收优惠政策。其次，由民间资本投资建设冰雪场馆及旅游景区，根据国际上冰雪发达国家的惯例和经验，企业捐赠按照其利润总额的30%，个人捐赠在税前全额扣除，这一税收优惠政策将会极大鼓励民间资本和个人对冰雪产业体育场馆和旅游景区的投资。最后，涉及冰雪产业发展的房产、土地符合体育场馆和旅游景区减免税条件的，可以享受房产税、城镇土地使用税适当的优惠减免，增加对社会力量利用废弃土地、旧厂房等投资建设冰雪健身休闲娱乐项目的税收支持力度。

第三，加大对冰雪产业相关知识产权的保护与人才奖励措施。相比于世界冰雪强国，我国冰雪产业领域还缺乏健全的自主知识产权保护措施。因此，为降低冰雪产业企业的税收负担，各级政府应允许相关冰雪知识产权如冰雪运动赛事转播、冰雪文化品牌以及冰雪运动技术等领域发生的进项税额准予全额抵扣。

此外，对符合范围的冰雪企业技术转让所得不超过500万元的部分免征企业所得税，而超过500万元的部分则减半征收所得税，使冰雪产品技术研发和成果转化的税收优惠政策获得更好的激励效果。在人才奖励方面，政府应明确并细化奖励条件，利用税收优惠政策鼓励更多人才投身到冰雪产业中去，可以考虑在冰雪产业中对有突出贡献的人员或在旅游、服务、产业等方面创新的人才可免征或减征个人所得税；对外来人才提供非现金形式或实报实销形式的住房补贴、伙食补贴、交通补助等，并对其免征或减征个人所得税，减少其后顾之忧，保障人才队伍的规模建设。

4.5.3 东北三省滑雪场空间分布、可达性与市场潜力

东北三省具有优越的地理位置与适宜的气候条件，在国内滑雪产业发展起步最早，滑雪场数量多，市场占有率高。截至2019年底的统计数据显示，东北三省共建设大、中、小型滑雪场207家，占全国滑雪场总量的27%。东北三省滑雪资源丰富，但近些年受到场地设施老化陈旧、交通可及性差、布局不合理等因素影响，产业增速缓慢，发展潜力受阻。

（1）滑雪场呈集聚分布态势

从最近邻指数和核密度估计两方面揭示的东北三省各区域滑雪场空间分布的规律发现：东北三省整体区域以及黑龙江、吉林、辽宁各省的滑雪场最近邻指数皆小于1，Z检验值（均小于-4.545）高度显著，黑龙江、吉林、辽宁三省的滑雪场地理位置均属于显著的集聚分布模式。

其中哈尔滨市、沈阳市和吉林市形成了三大核心集聚区域。哈尔滨市滑雪场为核心峰值区，其向东延伸至牡丹江市，形成了多处中高密度聚集区，四周环绕多处带状中密度聚集区，整体呈现出以哈尔滨市为中心，向东、西、北三面扩散，聚集密度逐渐衰减的空间分布态势。沈阳市滑雪场为次核心峰值区，以沈阳市为核心向外围延伸，形成环状中高密度聚集区，向南延伸至大连市，形成了多处带状中密度聚集区。通化市和吉林市滑雪场为中高密度聚集区，其外围形成环状中密度聚集区域，在延边朝鲜族自治州存在带状中密度聚集区域。整体来看，黑龙江省集聚密度最高且辐射范围广，吉林省集聚密度相对较低。东北三省滑雪场属于“核心-边缘”的空间结构，呈现“三核多点”的分布态势，外围地区扩散现象显著，出现“多极化”和“分散化”发展趋势。

（2）滑雪场可达性差异显著

从综合可达性（即全国范围内到达某一滑雪场的时间）角度看，东北三省滑雪场综合可达性的分布差异特点明显。首先，哈尔滨作为黑龙江省的省会城市，全国游客基本可以在6小时之内到达滑雪场，综合可达性较好，尤其属哈尔滨冰雪大世界综合可达性最好，可在4.5小时内到达。其次，吉林省的核心区域主要位于长春市和吉林市，滑雪场综合可达性较好，其中长春市和吉林市依靠便利的航空和高铁等交通方式，大大缩短了全国游客前往滑雪场的时间，同时边缘地区与核心区域建立了良好的交通网络，滑雪场的综合可达性也保持在中等水平，全国游客6~11小时可以到达吉林省滑雪场。最后，辽宁省滑雪场核心区域分布范围更广，且辐射影响效果好，综合可达性前10名滑雪场中辽宁省占有5家，主要集中于沈阳市、辽阳市和大连市，各个滑雪场综合可达性好，其余边缘地区的绝大部分滑雪场可以在7.8小时内到达，交通优势明显（见表4-3）。

表4-3 **综合可达性前10名滑雪场**

滑雪场名称	可达性/h	所在地区
冰雪大世界滑雪场	4.50	黑龙江省哈尔滨市松北区
极限滑雪公园	4.51	吉林省长春市南关区
劳动公园滑雪场	4.63	辽宁省大连市中山区
林苑滑雪场	4.68	辽宁省大连市沙河口区
奥体冰雪嘉年华	4.68	辽宁省沈阳市浑南区
奥雪长白岛冰雪嘉年华	4.69	辽宁省沈阳市浑南区
五里河滑雪场	4.76	辽宁省沈阳市沈河区
马迭尔滑雪场	4.78	黑龙江省哈尔滨市阿城区
净月潭滑雪场	4.78	吉林省长春市南关区
名都滑雪场	5.00	黑龙江省哈尔滨市香坊区

总体来看，东北三省滑雪场综合可达性差异显著，对比区内可达性呈现出“核心凝聚、边缘扩散”的分布规律。哈尔滨市、长春市、吉林市、沈阳市、大连市等城市的滑雪场综合可达性好，可到达时间在6.12小时内的滑雪场有84个，除大连市外其余城市多处于省域中心地带，拥有天然的区位优势，交通设施完善，与全国各城市联通性强。可到达时间超过10.9小时的滑雪场多处于黑龙江北部，地处边境地区和大小兴安岭地区，自然景观和冰雪资源丰富，但受制于地理环

境和经济条件，该区域内的交通基础设施不发达、滑雪场分布稀少。

（3）滑雪场市场潜力等级分类

东北三省各市滑雪场市场潜力呈现出沿哈大经济走廊中间高、两侧低的整体分布规律。其中哈尔滨市、长春市、沈阳市和大连市的市场潜力排名前四，这四座城市相对于东北三省其他城市经济发达、人口众多。其中哈尔滨市的滑雪场市场潜力最大。

结合市场潜力和综合可达性对城市进行分类：①以哈尔滨市、沈阳市为主要核心的城市群市场潜力大且可达性好，其市场潜力和综合可达性具有绝对优势；②大连市和长春市的滑雪资源相对弱势，但是具有良好的交通路网优势，属于次级核心区域；③辽阳市、白山市等城市综合可达性程度较高，但市场潜力相对不足；④以齐齐哈尔市、延边朝鲜族自治州等为代表的市场潜力水平一般且综合可达性较差的城市，属于一般发展区域；⑤综合可达性和市场潜力均处于劣势的地区属于边缘区域，发展冰雪经济基础较差，可根据城市转型的具体情况选择不同的产业进行开发。

4.5.4　东北三省冰雪旅游协同发展与差异化营销

国家“十四五”规划和2035年远景目标纲要首次明确提出要“推动东北振兴取得新突破”，更好促进“东中西部和东北地区共同发展”。《东北全面振兴“十四五”实施方案》则指出，要加快促进新旧动能转换，培育壮大新动能，构建高质量发展的区域动力系统，打造引领东北高质量振兴的区域动力源。以上科学论断不仅为东北全面振兴提供了指引，而且更为实现东北地区协同发展指明了方向。加快推进东北地区冰雪旅游协同发展，既是推动东北全面振兴的重要内涵，同时也是旅游领域落实区域协同发展的具体实践。如何突破现行体制机制和资源要素等多重约束，在培育发展新动能中实现路径突破，是促进东北冰雪旅游协同发展的核心议题。

（1）东北旅游协同发展的现状与困境

东北地区地缘相近、文脉相通，地理、人文、历史等方面的紧密相连为区域旅游协同发展提供了基础。经过多年的探索和实践，现阶段的东北旅游协同总体呈现出了高定位、宽领域、深层次和多形式的良好局面。

第一，跨区域旅游合作平台和协同机制逐渐形成。东北三省一区探索形成了“振兴东北旅游合作联盟”“东北文化旅游推广联盟”等区域合作机制，联合成立了黑吉辽蒙文化和旅游行业信用监管联席会议制度，为跨区域旅游的深度协同奠定了制度基础。

第二，整合性的跨区域旅游产品不断丰富。近年来，东北地区创新推出了诸如“关东风情旅游带”、避暑休闲度假“黄金三角”和雾凇冰雪温泉“白金三角”精品旅游线路等一系列跨区域整合性产品，丰富了东北地区高品质旅游产品供给。

第三，跨区域旅游联合营销初见成效，三省一区联合打造了“东北旅游新媒体峰会”“东北地区旅游交易大会”等营销推广与产业交流平台，极大提升了区域旅游整体形象，扩大了东北旅游的品牌影响力。

第四，区域性行业与企业合作逐渐深入。目前，东北地区已经形成了“东北旅游景区联盟”“东北三省旅行社联合会”“大东北旅游企业联盟”等一批区域性行业合作组织。例如，成立于2014年的东北旅游景区联盟，是国内首个跨省区域性景区协作组织，联盟成员单位覆盖了东北三省42家景区，致力于打造“大东北精品旅游带”，已成为推动东北旅游协同发展的重要牵引力量。

当前，东北旅游协同进入新发展阶段，但长期固有的体制机制、利益分配、合作基础等关键性难题仍旧是制约旅游协同走向深入的突出矛盾。

一是协同推进主体模糊，体制机制建设纵深不足。政府仍是推动东北旅游协同发展的主导力量，市场与社会力量介入不深，形式上仍局限于战略联盟、联席会议和框架协议等。区域市场分割和行政壁垒依然突出，尤其在区域旅游总体规划以及涉旅资源要素重组等核心问题上依旧没能突破本位主义困境，项目协作难以实质性落地。

二是利益分配机制缺失，长效利益联结机制缺位。目前，东北旅游协同缺少有效的利益补偿与约束机制，无法形成稳固的发展共同体和利益共同体，难以支撑长期稳定的合作开发关系。

三是区域合作网络薄弱，要素集聚辐射功能受限。东北各地的发展基础和产业优势差异较大，区域旅游经济联系较弱，且受制于交通网络和信息联通等约束，区域中心城市对外围地区的辐射带动作用相对有限。

四是区域同质竞争严重，统一品牌形象建设不足。东北旅游资源互补性较差，低层次重复建设与同质竞争问题突出，旅游产品形态单一，过度依赖冰雪旅游、观光旅游等传统优势产品，抗风险能力较弱，统一的区域旅游品牌尚未形成，旅游营销协同机制仍需深化，品牌叠加效应有待释放。

（2）东北旅游协同发展的思路与方向

东北旅游协同发展困境的本质是区域旅游发展的空间不平衡不充分问题，究其原因，归根结底是源于不同地区旅游发展动能的强弱差异与转换快慢。新发展阶段深入推进东北旅游协同发展的两大核心任务在于增强旅游综合发展能力与提升旅游协同发展水平，关键是培育发展内生动能，突出供给创新、需求引领与环境支撑的有效协同，在培育壮大新动能中实现旅游协同向纵深推进。具体到推进方向上，东北旅游协同发展亟须推动协同主体从行政单向主导转向政府与市场关系的深层改革，协同方式从松散联盟转向规范组织，协同路径由供给侧单向协同转向供需两侧同步协同，协同空间由点状中心转向带状多核相互支撑，协同对象由单节点建设转向点轴面式融合发展，形成共商共建共享共治的协同发展格局，开拓优势互补高质量发展的旅游协同新局面。

推动东北旅游协同深化，现阶段尤其还需辩证地处理好政府与市场、供给与需求、公平与效率、整体与局部等四对重要关系。

一是理顺政府与市场的关系。注重发挥政府战略先导和投入先行功能，坚持市场在涉旅资源配置中的决定性作用，引导市场和社会力量深入参与，发挥多元主体联动效应。

二是统筹供给与需求的关系。推进区域旅游协同需有序协调供需两侧关系，巩固供给侧制度、产业与要素协同优势，加快需求侧消费、投资与开放协同建设，实现高水平的供需平衡。

三是平衡公平与效率的关系。推动旅游协同必然涉及产业资源要素的跨行政区整合与重组，需要调节区域间和主体间的利益分配能力，缩小优势地区与落后地区的利益落差，追求正和博弈而非零和博弈。

四是协调整体与局部的关系。深刻认识和挖掘东北旅游的比较优势，协调好东北区域内部的定位互补与功能分区，同时，加强东北地区与东北亚、京津冀等区域间的旅游合作与协同。

（3）东北旅游协同发展的策略与路径

培育发展东北旅游深度协同的内生动能，重在加快形成统筹有力、竞争有序、共建共享、深度融合的协同发展新机制，通过供给侧、需求侧和环境端的协同改革与创新发展，推动东北旅游在高质量发展中走向深度协同。

第一，激发供给动能，改革创新制度供给、产品供给与要素供给。一是做实旅游联席会议制度和合作联盟，形成常态化合作交流机制，启动编制《东北旅游协同发展规划》，明确东北三省一区参与旅游协同合作的具体规则，设立利益补偿和监督约束机制，打造互利共赢的长效利益共同体。二是做大做强做优冰雪旅游特色，推出区域统一的冬季冰雪和夏季避暑休闲旅游品牌。借助技术创新、业态创新和模式创新，开发高品质、多样化、多层次和有特色的新型旅游产品。三是依托东北高校的优质旅游教育资源，构建旅游专业人才培育平台，创新高端旅游人才开放政策，加快引进培育创新型、技能型、实战型人才，形成多层次旅游专业人才梯队，为更深层次的旅游协同发展提供人才支持。

第二，释放需求动能，持续推动消费升级、投资优化与扩大开放。一是高质量发展是旅游深度协同的基础，消费升级、消费分级和消费下沉激发了更加充分和更高质量的旅游需求，吸引更多的市场主体和资源要素进入市场，促成需求与供给的内在良性循环与动态平衡。二是探索建立东北旅游产权交易中心，支持旅游资产证券化，扩大和引导各类产业基金投资涉旅产业，推广政府和社会资本合作模式，搭建规范、统一和高效的旅游资源要素交易和旅游投融资服务的平台。三是强化区域国际旅游合作，面向东北亚国家扩大旅游开放，加快推进沿边开放旅游大通道，培育东北亚旅游合作圈，提升东北亚旅游目的地品牌，以旅游“外循环”反哺“内循环”，在参与国际合作中深化旅游协同。

第三，引导环境动能，全面提升交通网络、公共服务与营商环境。一是构筑东北三省一区交通互联互通网络，加快交通一体化进程，提升旅游交通可达性，促进区域内消费客流与涉旅资源的双向流动和有序循环。二是推进涉旅公共服务共建共享，创新旅游公共服务供给方式，借助数字技术突破优质涉旅要素资源的时空壁垒，促进优质公共服务产品深度下沉，实现更高和更宽层次的跨区域旅游协同。三是持续优化旅游市场营商环境，激活微观市场主体活力，培育和壮大市场主体，促进涉旅资源要素集聚。

（4）东北三省冰雪旅游产业协同发展路径

破除阻碍互动的壁垒，实现区域冰雪旅游价值，共建东北三省冰雪旅游产业的发展，要凝聚区域合作、协同发展的共识。“抱团取暖”方能抵御“经济之寒”，因此从政策层面、行业部门、社会组织、企业内部四个层面提出东北地区冰雪旅游产业协同发展的路径。

①政策协调与产业融合——基于政策层面

市场在冰雪产业的运营过程中应发挥主导作用，然而市场机制始终存在“失灵”的缺陷，要想持续推进冰雪产业的供给侧结构性改革，政策把控与行政干预必不可少。政府应担负重要职责，制定冰雪产业发展的顶层设计，将冰雪产业作为东北地区提振经济的重要产业优先发展，首要任务就是促进东北冰雪旅游产业一体化架构，包括协同组织、一体化市场和协同发展联盟的建立与组织优化。此外，东北三省各级政府需要协商出台规范性监管法规，管控冰雪旅游市场的违规开发行为，避免行业内旅游产品间的恶性竞争，同时，政府要积极引导冰雪产业与多产业交融互动，重点设立与互联网产业、文化创意产业、传媒产业等相关产业的深度融合发展的框架和路径，增加东北冰雪旅游市场规模与商业价值，加强统筹安排与统一管理，优化产业结构。总之，政府应从制度层面和法治保障角度为协同推进东北地区冰雪旅游产业一体化转型升级提供基础保障，充分发挥“规范者”“协调者”的作用。

②信息分享与平台共建——基于行业部门

行业部门在东北地区冰雪产业协同中的作用主要是将政府制定的政策有效传达给企业，并为产业发展和企业营销进行服务，基于这一原则，行业部门应积极搭建平台，构建东北冰雪产业发展数据共享云平台。

首先，通过东北三省冰雪企业之间数据分享，打破供给侧与需求侧的信息障碍，最大限度地提高冰雪资源的供需均衡配置。

其次，冰雪运动作为一项户外健身活动，参与的游客数量有望增长，区域内若能实现信息共享，将会有效地提升企业生产效率和产品质量，也将更好地满足厂商与中间商的分工与合作，有利于冰雪产业链与产业结构的优化，强化各冰雪企业的联盟定位，避免产业内的恶性竞争，持续做大冰雪市场蛋糕，为东北的冰雪企业创造更多的市场份额。

最后，通过冰雪行业信息数据共享云平台的建设，可以加强东北冰雪市场一体化建设，进一步构建新兴产业增长极，横向上从点到线，实现冰雪旅游产业价值链的上下游对接，纵向上从线到面，形成冰雪产业与文化休闲、体育赛事、医疗康养的融合，从两大层面发挥云平台跨时空的协同管控优势。因此，行业部门应做好平台服务，加强对信息数据的平台化、专业化、集中化管理，从而为东北冰雪产业协同发展创造条件，借此提升冰雪旅游产业发展效能和企业的整体竞争力。

③文化生成与资源共享——基于社会组织

从社会组织发挥的效用来看，要积极引导东北地区冰雪旅游文化品牌形象推广，有效营造全民参与冰雪运动的氛围。一方面，要以冰雪体育赛事为依托打造系列冰雪体育竞技产业品牌，开展国内外大型冰雪体育赛事，吸引游客前来观赏赛事；另一方面，促进冰雪产业与当地民俗文化相结合，将冰雪文化与东北三省社会生态、民族风情、历史文化有机融合、紧密联系，激活冰雪产业的文化内涵和内在活力，吸引游客前来体验冰雪文化。此外，社会组织可邀请相关冰雪产业的专家学者进行冰雪文化和冰雪知识的讲学和传播，学习借鉴国际冰雪强国的发展经验和管理模式，探索一条使东北冰雪市场可持续发展的道路。

社会组织还应做好调研和访谈，了解冰雪消费者的消费偏好、消费特点，掌握同行业发展趋势和发展水平，深入企业内部进行走访和座谈，了解企业的需求和难点，做好政府-行业部门-企业-消费者之间的“中间人”，协调各方利益，统筹分配资源，最大限度保障冰雪资源的合理使用和整体利益最优。

④产品升级与人才管理——基于企业内部

东北地区冰雪产业正处于加快发展和转型升级的关键时期，传统的“资源依赖型”冰雪产品在发展过程中逐渐落伍，取而代之的是“资源+智能驱动型”产品，因此，冰雪旅游企业发展应优先考虑产品质量升级，结合企业自身的特色、资金和技术等条件，将单一的观光型和度假型产品向复合型和个性化产品转变，服务从同质性向异质性优化，注重产品的体验性，满足冰雪游客的多元需求。在向游客提供优质产品和服务的同时，应向游客明确告知部分冰雪项目的潜在风险，提前做好风险预案，保障游客人身安全。

人才作为冰雪产业发展的核心要素应予以足够的重视，一是企业要努力挖掘和培养企业内部人才，特别是冰雪产品设计开发、产业经营管理、市场运作的高素质人才，面临东北地区普遍的人才流失现象时企业应引起充分重视，在薪酬待遇、晋升空间、工作环境等方面提供优厚条件，对引进的人才和优秀毕业生要配套完善的激励制度，珍惜人才、留住人才，营造求贤若渴的社会氛围。二是组建冰雪产业研发队伍，打造东北地区冰雪旅游人才培养和设备研发制造基地，同时与东北地区高校联合建立相关学科，重点培养专业冰雪人才，打造人才输送渠道，加大冰雪产业科研的扶持力度，为做好东北地区冰雪旅游业态的转型升级贡献企业力量。

（5）东北地区冰雪产业的差异化营销策略

差异化营销是指对不同的目标市场，提供有针对性的市场营销组合策略，更好地满足消费者和游客的不同需求，同时最大限度地挖掘企业潜力，扩大市场占有率。基于东北地区冰雪产业的发展现实，通过产品差异化、服务差异化、形象差异化三个方面来实施差异化营销策略。

①产品差异化：发挥比较优势，提升产品质量

东北三省各地区都有各自的自然资源禀赋和民族文化特色，应根据各自的特点和优势精准施策，制定冰雪产品差异化策略，发挥比较优势，形成本地区的冰雪品牌特色。黑龙江地区气温低、雪期长，山脉众多，可学习借鉴加拿大、瑞士等冰雪强国的发展经验，改造现有的大型雪场，可借助山体优势设计开发不同难度级别的雪道，让游客体验到形同国外的滑雪体验，也能领略森林冰雪的自然风光。在提供深度的滑雪体验之外，黑龙江省可利用冰天雪地气候和独有的少数民族文化风情，打造一批国内一流的冰雪旅游小镇，吸引国内外游客前来度假休闲，领略别样的北国风光和东北民俗。吉林省拥有长白山独特的冰雪旅游资源，并且和万达文旅等知名企业进行过合作开发，具备良好的设施和开发基础，应在创新设计理念上下功夫，延伸冰雪旅游产品的全方位顶层设计，借助良好的设施基础，打造高端冰雪旅游产品和服务，同时引入高尔夫、马术等运动项目与冰雪产品相互衬托，满足游客多样化、个性化休闲旅游需求。在开展冬季冰雪旅游的同时，吉林省可在淡季开展冰雪运动培训计划、大众冰雪体验活动和青少年冰雪研学活动来确保四季盈利平衡。此外，可邀请国内外知名设计师规划设计松花江畔的雾凇景观，提升其观赏性与艺术性，打造成为世界知名冰雪奇观。辽宁省与黑龙江省和吉林省相比气温较高，

特色冰雪资源相对较少，但辽宁省的温泉资源在近些年得到了长足的开发，冰雪+温泉成为辽宁冰雪旅游产品的标配和特色，此类产品非常吸引家庭游和亲子游的客户，可将冰雪温泉旅游的产品做精做细，让游客充分感受“冰火两重天”的独特体验。另外，辽宁省作为多民族的省份，可深入挖掘少数民族风情和特色的冰雪旅游产品，如满族的雪地走、冰上蹴鞠，蒙古族的雪地搏克（摔跤）、马拉雪橇，朝鲜族的冰上舞蹈等，这些具有民族文化特色的冰雪旅游产品，让游客在冰雪游玩时感受传统文化。总体来看，东北各个区域既可以开发核心和大类冰雪旅游产品，又可辅以其他小众类的多元化产品，按照“核心突出、打造特色、类型多样”的产品开发原则，提供具有知名品牌的国内冰雪旅游差异化产品。

②服务差异化：打造个性化与定制化服务，形成多样化营销手段

后冬奥时代，同类型冰雪旅游企业必将迎来阶段性数量增长，同质化竞争严峻，冰雪市场面临饱和状态，按照4P营销理论，东北地区冰雪旅游产品应制定差异化产品、价格、渠道、促销策略，通过市场细分、目标人群的精准定位，能更有针对性地宣传冰雪产品，引起消费者与企业的良性互动。在营销宣传上，采取新闻媒体、社会宣传和行业营销相结合的方式，制定精品化、个性化、多样化和网络化的策略，深入做好全面宣传与造势工作，增强舆情管理力度。尝试采用直播、预售等新营销手段，调整经营计划，强化工作部署，以提升核心竞争力为重点，打通线上线下产品线。通过多种方式提升社会各界对冰雪旅游行业的关注度。

单纯依赖冰雪产品是不能完全满足市场需求的，而与冰雪项目相关的衍生与配套服务却能够为企业带来更大的盈利空间。在冰雪旅游服务上，一方面，要不断强化服务意识，提高企业员工的服务技能和水平，提供优质的咨询服务，根据游客的个性化需求，让游客在出游

前提出个人想法与要求，或是参与到冰雪旅游产品设计中来，方便游客挑选和制定冰雪项目和线路，所需酒店、交通工具、时间以及消费金额等，为游客提出最优方案，并及时解决游客旅游中遇到的困难和问题；另一方面，企业要积极为游客提供移动智能终端的个性化服务，比如入境短信关怀、天气预报提醒、客流量实时情况、网上VR观景等，让一流的冰雪旅游产品与一流的旅游服务链条无缝整合在一起，相辅相成、同步发展、全面覆盖，实现对冰雪游客的黏性消费。

③形象差异化：深挖冰雪文化内涵，塑造冰雪旅游品牌

强化冰雪文化理念、深入挖掘东北地区冰雪文化内涵是增加冰雪运动参与人口、拓展和改进东北冰雪旅游形象的关键。一方面，要利用互联网和手机APP等宣传平台，向大众积极宣传冰雪文化，了解我国东北人民在冰雪自然环境中的日常工作和生活，以及以冰雪生态为基础所采用或创造的具有冰雪文化符号的生活方式，这种生活方式造就了东北人民大气、豪爽、好客的情怀与性格，也展现了坚毅勇敢、不畏严寒、挑战自我的优秀品质。这种性格和品质，是大自然馈赠给东北人民的独特文化财富，通过冰雪文化的展示与输出，逐步实现大众对于冰雪运动从运动性→知识性→文化性的认知观念转变。另一方面，通过“冰雪进校园”“冰雪进社区”等活动方式倾力打造冰雪文化活动，有效拓展冰雪文化理念，营造冰雪运动文化氛围，引导广大民众和青少年提高冰雪运动参与意识，提升冰雪运动认同感，形成冰雪运动习惯，养成冰雪旅游消费观念，最终实现从冰雪认知→冰雪体验→冰雪生活的转变。

品牌化思维也是打造东北地区冰雪旅游目的地不可或缺的重要部分，品牌效应意味着冰雪产业价值的延续，东北地区应围绕“冰雪旅游+”模式培育与拓宽冰雪产品，呈现出冰雪+赛事、民俗、温泉、时尚、科技、文化等元素融合的复合型旅游品牌，同时构建冰雪产业

发展联盟，形成冰雪宣传的统一化、产品营销的合作化、信息宣传的共享化，着力塑造区域整体形象和品牌，利用各地区冰雪产品优势互相取长补短，实现冰雪品牌的产业链整合，建立共同的品牌宣传营销体系，成为加强产业聚合效应和引领冬季旅游消费的新坐标，创立“东北冰雪”国际旅游品牌，以提升东北地区冰雪产业的整体竞争力。

第5章

后冬奥时代中国冰雪旅游发展的路径选择

5.1 冰雪旅游景观的“视觉化”生产

鉴于旅游活动的主体是具有主观能动性的人，以及旅游活动“视觉性经验”的本质，冰雪旅游景观的“视觉性”生产成为后冬奥时代冰雪旅游发展的重要内容。

5.1.1 以冬奥会为契机建设冰雪旅游景观

（1）跨区域协同发展的冰雪旅游景观

由于冰雪旅游具有较强的冰雪资源依附性和较为明显的季节性特征，因此很长一段时期内，我国冰雪旅游的发展多集中于资源禀赋丰富的北方地区，且开展时间多集中于冬季，而南方地区的冰雪旅游则受限于地理环境等因素难以开展。随着北京冬奥会的成功申办与举办，我国冰雪旅游在国家政策宏观指引、宣传和系列支持下得到了迅速发展，南方部分省份和地区依靠科学技术的嵌入和应用，投资兴建冰雪旅游场地与场馆，实现了“北冰南展”的发展格局，冰雪旅游在我国呈现出跨区域协同发展的景观。

关于景观，不同的学科有着不同的看法，地理学和生态学意义上的“景观”指的是自然风光；人类学上的“景观”更看重其符号意义；而在思想家居伊·德波笔下，景观则是一种意识形态的生成机制，是一种意识形态的物质化显现，更是一种社会统治形式与运作模式。在我国，以2022年北京冬奥会为背景所呈现的冰雪旅游景观就是社会统治形式与运作模式的呈现，体现出了宏观政策引领下多战略耦合的跨区域协同发展态势。其中，既包含整体性全国推进的“北冰南展西扩东进”，也包含局部性的京津冀、东北三省、长三角等区域的协同发展。以冬奥会为契机建构的跨区域协同发展的冰雪旅游景观在具有娱乐、健身等属性的同时，还以物化形式呈现了意识形态。2022年北京冬奥会的成功举办，进一步推动了国家宏观层面对冰雪旅游发展的重视，并在一系列政策措施的扶持下，通过跨区域协同发展的冰雪旅游景观的建构，有效推动了冰雪旅游景观在我国的规模化结构框架搭建，为后冬奥时代的冰雪旅游景观的营造提供了新的动力。

（2）跨产业交叉融合的冰雪旅游景观

随着社会的不断发展，国民生活水平的稳步提升，大众消费需求呈现出个性化、多样化的变化趋势。为更好地推动经济社会发展、满足国民多样化需求，产业融合逐渐成为发展新趋势。产业融合是指两个或多个产业在发展过程中，由于受产业要素、发展机制等因素的影响，不同产业的边界逐渐模糊，与相关产业进行交叉、渗透，呈现出两个或多个产业之间互补、延伸。产业融合是开放、动态的演进过程，其间不同产业经过竞争、融合等逐渐建构起协同合作关系，满足了民众多样化需求，在促进了彼此发展的同时，推动了良性市场氛围的建构。冰雪旅游作为新兴产业，既包含冰雪产业与旅游产业的融合，又体现了与文化、体育、交通、服务、教育等产业的融合发展。自2015年我国获得2022年冬奥会举办权以后，国家宏观层面的支持为冰雪旅游产业的融合发展提供了契机和平台。《关于以2022年北京冬奥会为契机大力发展冰雪运动的意见》中指出：“加快发展冰雪健身休闲产业，推动冰雪旅游产业发展，促进冰雪产业与相关产业深度融合，提供多样化产品和服务。”在多主体共同参与下，冰雪旅游不再局限于“观雾凇”“赏雪景”等观光游览性旅游活动，而是与其他产业融合形成了“冰雪+文化”“冰雪+科技”“冰雪+教育”等发展新形式，丰富了冰雪旅游的人文价值，促进了冰雪旅游产业链与供应链的延伸，进而呈现出跨产业融合的冰雪旅游景观。此外，冰雪旅游产业的融合景观还包括冰雪产业内部的融合，包括冰雪文化产品、冰雪场地设施、冰雪装备制造、冰雪展演活动等也呈现出内部融合发展态势，多样化的产业融合态势构成了现代化的冰雪旅游景观，也为后冬奥时代冰雪旅游景观生产提供了动力。

（3）跨视域呈现的冰雪旅游景观

2022年北京冬奥会举办时期正值我国社会发展的关键转型期，其间不仅治理方式、产业结构模式等发生了改变，信息传播方式、视觉景观建构等也产生了巨大的变革。互联网技术的嵌入，移动终端设备的普及，突破了既往信息的生成与传播壁垒，大众成为视觉景观的重要建构主体。网络普及与短视频、直播等媒介形式的迅速发展，既是现代社会信息传播速度加快的表征，也是大众作为视觉景观建构主体话语空间拓展的表现。在自媒体时代，大众既是观看者又是展演者，具有更大的话语权和表达空间，逐渐在视觉景观建构中发挥主体作用。此时，大众不仅在景观“观看”中建构了身份认同、情感结构与意识形态，更在“展演”中影响着意识形态与文化的走向，发挥了视觉景观建构的主体能动性。在此背景下，冰雪旅游景观的建构者和呈现者，不再局限于政府、官方媒体、社会组织，个体也参与到冰雪旅游景观的建构中。

此外，冰雪旅游景观进一步丰富了情感化、社交化等表达模式，在现实与虚拟、宏观叙事与微叙事并存的情境中呈现出创新性和丰富性的特征。回顾中国参与奥林匹克的历史，从宏观国家到微观个体都对参奥、办奥、夺冠有着较为长期的复杂情感，既有早期国民重拾民族自信的方式，又有当代展现中国文化、重塑国际形象的路径。在官方媒体对北京冬奥会的宣传中，冰雪旅游景观以一种相对宏观、整体的方式呈现在大众眼前，从冰雪设施到旅游服务再到交通保障、科技创新等，展现了冰雪旅游在治理现代化进程中的新发展，在烘托赛事氛围的同时也激发了大众参与冰雪旅游的兴趣与爱国情绪的表达。在宏观叙事引导下，个体的微叙事热情被激发并通过短视频等自媒体形式得以展现。大众作为冰雪旅游的服务对象，在欣赏冰雪旅游景观的同时，进一步成为冰雪旅游景观碎片化、移动化、多样化视角的呈现者与展演者。此时的冰雪旅游景观不再是物质景观的简单呈现，而是融合了多主体的兴趣偏好、情绪表达的产物，丰富了冰雪旅游景观的内涵构成，推动了冰雪旅游的现代化、特色化发展与转型升级，为后冬奥时代冰雪旅游视觉景观的生成提供了助力。

5.1.2 后冬奥时代冰雪旅游景观的视觉逻辑

（1）自上而下的符号建构

2022年北京冬奥会的举办，对我国来说不仅是推动冰雪文化建构、冰雪产业发展的机遇，更是促进国际交往、彰显国家文化与形象并进一步促进经济发展、全球融合的契机。虽然冰雪运动在我国有着悠久的发展历史，但是在普及性和多样性方面仍然存在不足。为更好地迎接2022年北京冬奥会，我国开启了“全域、全时”的冰雪产业发展战略，媒体展开了对“冰雪文化”的广泛宣传，其间大众的冰雪参与热情被逐渐激发，尤其在临近冬奥会举办时期更是达到新的高峰。但鉴于冬奥会的时效性、其引起的集体欢腾的短暂性等特征，如何延续大众冰雪参与热情成为后冬奥时代冰雪产业发展亟待解决的重要课题。冰雪旅游作为冰雪产业的重要组成部分，其亲民化、丰富化等特征成为后冬奥时代延续并进一步激发大众冰雪参与热情、推动冰雪产业发展的重要路径。

冬奥时期，在主流意识形态支持下，我国冰雪旅游景观得以快速开发，并被建构为文化、消费、品牌等符号，其视觉刺激作用对个体的冰雪认知和参与产生了一定的影响。后冬奥时代，面对冰雪旅游的快速发展，大众在冰雪运动、冰雪旅游认知方面仍有改进和完善的空间，继续强化自上而下的主流意识形态引领与系列符号建构，成为冰雪旅游景观视觉生产的主要逻辑。

一方面，国家宏观层面的政策支撑、媒体组织的文化宣传成为冰雪旅游景观视觉建构的基本前提。由于冰雪旅游场地布置能耗高、管理专业性强，且受地域、季节性等多方面的限制，造成了目前国内的冰雪旅游场地供给数量少、规模小、服务水平低，加之国内冰雪市场尚不成熟，所以未来一段时间内，我国的冰雪旅游发展仍然需要政府的大力扶持。此外，伴随2022年北京冬奥会的举办，我国民众的冰雪参与需求虽有所增长，但是在冰雪参与的频率、普及程度和技术水平上，与冰雪发达国家仍然有相当大的差距。媒体进行全面、系统的冰雪旅游宣传，对塑造冰雪旅游景观的形象、吸引大众参与冰雪旅游具有积极意义。

另一方面，在视觉建构中，除了自上而下的意识形态推广、建设支撑、形象塑造等，还需要确保冰雪旅游供给与大众需求相契合，使大众认可冰雪旅游中所包含的诸多符号内涵，形成冰雪旅游景观发展的内驱力。在嵌入现代技术和治理的同时，对地方文化进行深层次的挖掘，并将地域特点、民族文化和冰雪文化等内容融入其中，推动差异化、个性化和民族化的文化符号建设；针对不同阶段的大众需要，通过流行话语和赛事展示等方式，构建多元化的消费符号；同时，强化地区冰雪品牌符号建构等，对提高冰雪旅游景观丰富程度、提升冰雪旅游景观视觉建构的活力具有意识形态引领意义，是后冬奥时代冰雪旅游景观视觉生成的重要支撑。

（2）自下而上的文化再生产

相比于早期的范围狭小、项目单一、设施设备落后，在经历申奥和办奥成功后，冰雪旅游已实现华丽转身，专业化、现代化、整体化的冰雪旅游吸引了大量民众参与其中。但相较于部分发达国家持续化、常态化的冰雪运动，重游率较低仍是目前我国冰雪旅游发展中的重要问题。据统计，国内滑雪场的人均滑雪次数由2015年的1.3次上升至2023年的1.77次，但人均1.77次的滑雪次数相较冰雪强国仍有差距。这种现象的存在，既有我国冰雪旅游专业化、全面化发展不足，大众冰雪认知度不高等的原因，又有我国冰雪旅游景观的视觉生产相对滞后、未能对大众产生吸引力的原因。鉴于“视觉性”是一个“看”与“被看”相互建构、互为主体的关系结构，冰雪旅游视觉景观既需要宏观层面主流意识形态引领和符号建构，也需要组织者、旅游提供者、消费者的主观认同与积极建构，在多主体间的观念交流中，推动冰雪文化再生产，提升冰雪旅游景观吸引力。因此，在冰雪旅游景观的视觉生产中，一方面，要为其提供宏观的物质支撑和理念引导；另一方面，也要提高多主体的冰雪文化内生力，提高冰雪旅游景观视觉生产“自上而下”与“自下而上”双向互动的循环动力。

冰雪旅游景观视觉生产具有主体多元性的特征，既包括地方政府、社会组织、当地居民等冰雪旅游服务提供者，又包括游客等冰雪旅游服务消费者。一方面，当地冰雪旅游服务提供者在吸收借鉴现代冰雪旅游发展模式的基础上，融合地方文化、民风民俗、仪式活动等进行组合编码成为冰雪文化再生产的主要路径。这种将传统文化从特定的生存空间中剥离出来并融入现代旅游中去的方式，赋予了地方冰雪旅游服务景观独特的视觉特征，呈现出现代文化与地方传统文化“脱域”耦合进而再生产新文化的趋势。另一方面，以游客为代表的冰雪旅游服务的消费者，在早期冰雪旅游商品消费模式的基础上，产生了“体验文化”“情绪价值”“晒文化”等新的旅游需求。此时的游客不仅是冰雪旅游景观的观赏者，同时也是旅游景观的表演者、文化再生产的参与者。互联网的发展和网络社交媒体的兴起，使网络“晒文化”推动下的“口碑营销”模式得到了进一步的发展。游客在对自我冰雪旅游体验的主动呈现中，以个体视角对特定地区的冰雪旅游景观进行视觉化宣传，并以身体展演的方式构成了冰雪旅游景观中的一部分，促使冰雪旅游景观在差异化的呈现中进行了文化再生产与再传播。后冬奥时代，根植于主体热爱、兴趣或利益等产生的多主体文化再生产，赋予了冰雪旅游景观视觉生产以内生动力。

5.1.3 后冬奥时代冰雪旅游景观的品牌建构与文化传播

（1）品牌建构：冰雪旅游的本土化与一体化升级

伴随对大众冰雪项目认知的提升和参与热情的高涨，后冬奥时代冰雪旅游以其冰雪运动特色和独特审美体验成为冰雪产业发展的支柱板块。如何在跨区域、跨领域协同发展与多主体参与的背景下，激发潜力、增强能力、提升冰雪旅游景观的视觉吸引力和信任度，成为后冬奥时代冰雪旅游持续发展所要思考的问题。以2022年北京冬奥会为契机，在“北冰南展西扩东进”“三亿人上冰雪”等国家战略的推动下，我国的冰雪旅游业得到了迅速发展，特别是在科技的加持下，我国的部分南方地区突破了传统冰雪旅游的资源限制，实现了冰雪场地的人工建造。随着技术嵌入下的冰雪资源扩布，我国呈现出差异化的冰雪旅游景观，既有以东三省为代表的天然冰雪旅游景观，又有以京津冀为代表的天然与人工并构的冰雪旅游景观，同时还有以长三角为代表的人工冰雪旅游景观。此外，区域间冰雪旅游景观的差异不仅体现在冰雪资源上，还体现在区域间冰雪文化、冰雪氛围、冰雪产业成熟度等方面。这些区域间的冰雪旅游景观的差异，在丰富我国冰雪旅游形象的同时，也成为我国冰雪旅游景观多样化发展的动力。

将区域文化、民族文化与地方特色相结合，打造出独具地方特色的综合性特色品牌，以此来激发产业的协同和带动作用，是提高冰雪旅游景观竞争力、影响力和吸引力的重要途径。在冰雪旅游景观的本土化特色品牌建构中，冰雪旅游服务提供者可通过自然资源、区域文化、民俗生活等地方特征生产特色化的冰雪旅游视觉景观，并针对不同时期、不同性别、不同年龄、不同消费能力的游客需求提供差异化、人性化的产品，以促进游客与本土文化的视觉融合、情感共振，进而提高冰雪旅游景观的游客认可度。在冰雪旅游景观的一体化特色品牌建构中，冰雪旅游服务提供者可在本土化特色冰雪旅游的基础上，积极发挥冰雪旅游的引领和带动作用，促进“一站式”“全季式”“全局式”的冰雪旅游景观视觉生产。所谓“一站式”冰雪旅游景观便是在冰雪活动与住宿、餐饮、交通等产业融合的情境下，为游客呈现便捷化、现代化的服务形象；“全季式”冰雪旅游景观是在将冰雪旅游发展为城市名片的同时，推广地区四季特色景观与文化，提升市场竞争力，展现多元化、舒适化的观光形象；“全局式”冰雪旅游景观则是发挥冰雪旅游的联动作用，以就业岗位提供、物质资源整合等激发冰雪旅游地区民众视觉生产热情，呈现整体化、人性化的区域形象。后冬奥时代，具有本土化特色和一体化权威的冰雪旅游品牌建构，将在既有冰雪旅游景观的基础上，推动冰雪旅游景观的多样化、整体化、科学化“视觉性”生产。

（2）文化传播：冰雪旅游主体的记忆唤醒与再造

后冬奥时代冰雪旅游景观视觉生产只有物质基础是远远不够的，旅游主体认同及参与才是决定冰雪旅游持续发展的关键。鉴于冰雪旅游景观的视觉生产过程也是冰雪旅游主体记忆建构过程，后冬奥时代如何更好地促进冰雪旅游主体记忆建构、提升多主体冰雪旅游认同，成为冰雪旅游景观视觉生产中应该思考的核心问题。不同于传统时期冰雪旅游主体构成相对简单、主流意识形态主导记忆建构，后冬奥时代冰雪旅游主体构成更加多元、需求更加多样，记忆建构形式在媒介发展、互联网技术嵌入下呈现出由集中到分散的转变。媒介是人认识和感知世界的桥梁和通道，大众在媒介传播中了解社会运行，并在媒介所呈现内容的引导下进行自我规训、记忆建构、行为选择。后冬奥时代的冰雪旅游主体也将在媒介引导下进行记忆建构，使冰雪旅游景观的视觉生产由外在欣赏转为内在认同，进而推动冰雪旅游文化的传播。

在冰雪旅游媒介传播中，冰雪旅游提供者、消费者、宣传者在互联网等技术助力下共同成为景观文化建构者和传播者，并在相互建构的视觉景观“凝视”中形成现代化的冰雪旅游记忆、影响冰雪旅游发展。

基于我国传统冰雪活动的亲民性、民族性以及传统冰雪项目在国人记忆中的深刻内涵，通过对传统冰雪活动、非物质文化的视觉化呈现与宣传，唤醒冰雪旅游主体的个体记忆、集体记忆、情感连接，以情怀经济推动冰雪旅游发展，成为后冬奥时代冰雪旅游视觉生产的可行路径。需要注意的是，虽然记忆唤醒赋予了冰雪旅游景观视觉生产的亲切感，但这种亲切感尚不足以支撑冰雪旅游景观产生持久的吸引力。在记忆唤醒中提升冰雪旅游兴趣的同时，鼓励冰雪旅游地居民以当地人视角对冰雪旅游景观进行日常化、生动化媒介视觉传播，建构冰雪旅游主体的情景记忆。鼓励冰雪旅游消费者以游客视角对冰雪旅游景观进行可及化、趣味化媒介视觉传播，建构冰雪旅游主体的形象记忆。鼓励冰雪旅游提供者以专业视角对冰雪旅游景观进行全面化、丰富化媒介视觉传播，建构冰雪旅游主体的语义记忆，促进冰雪旅游景观的视觉生产由外部驱动转为内部驱动，提升冰雪旅游景观的文化传播力，从而有效推动冰雪旅游景观的主体化“视觉性”生产。

5.2 冰雪旅游场馆的“智慧化”建设

自2008年11月IBM首次提出“智慧地球”概念以后，“智慧化”的理念便迅速传遍全球，并在各国、各地区、各行业得到了广泛的认同和应用。冰雪旅游场馆作为全民健身运动的重要载体，也必然要适应国家的布局和社会的潮流，积极投入并广泛参与其中。于是，越来越多的冰雪旅游场馆主动利用大数据、人工智能和云计算等数字科技来提升服务质量，提高管理效率，主动地朝着智慧化方向转型升级。国家体育总局发布的《“十四五”体育发展规划》中明确提出：推动地方数字化升级改造不少于1 000个体育场馆，打造一批智慧体育场馆，建设1万个以上智慧健身路径、智慧健身步道、智慧体育公园、智慧健身中心等公共场地设施。由此可见，随着以数字技术为代表的第四次科技革命热潮汹涌而至，我国冰雪旅游场馆的智慧化转型升级将是大势所趋。

冰雪旅游场馆的“智慧化”建设是一项涉及体育主管部门、行业协会、体育场馆和技术供应商共同参与的系统工程，关系到场馆智慧基础设施建设、消费者服务升级、传统营销转型和盈利模式拓展等多个方面。因此，在智慧冰雪场馆的概念界定之前，首先要明确几个问题：一是智慧冰雪场馆是一种基于物联网、传感器、交换机等智能化设备的建设与运营，为用户与管理者提供高层次智能化体验的生态创新体系；二是智慧冰雪场馆是一个综合性过程，它通过智能化的基础设施采集、分析数据实现场馆智慧设计、建设、营销和管理等全过程；三是智慧冰雪场馆不仅是一个物理概念，也是一种实践模式。冰雪场馆作为一种空间结构本质上并没有“智慧”和“非智慧”之分，而互联网等智慧高新技术不过是顺应时代发展的一种变革手段，当两者相互融合时，智慧冰雪场馆才得以实现。基于以上分析，以传统冰雪场馆为参考，将智慧冰雪场馆界定为：依托大数据、物联网、云计算、区块链和人工智能等新一代信息技术，通过感知、收集、计算和分析各项数据信息，从而实现冰雪场馆设计、建设、营销、管理和服务等方面智慧化升级的区域空间、发展过程和实践模式。

5.2.1 冰雪场馆智慧化转型的动力探析

（1）政府的积极推动

作为我国体育事业发展的基本物质载体，党和政府对于冰雪场馆的发展历来高度重视。首先，面对技术的更迭和消费方式的不断变化，中央政府在各层面均明确表明了支持体育场馆智慧化转型升级的官方态度。如2020年国务院政府工作报告中就提到，要大力推行“互联网+”的体育发展战略，鼓励高新数字技术应用到体育场馆的监管和运营中。其次，在顶层设计的积极推动下，各地方政府还分别结合当地的智慧城市建设、消费需求变化和科学技术水平，确立了当地体育场馆智慧化转型升级的目标、途径与流程。如《江苏省“十三五”智慧体育发展规划》和《浙江省智慧体育场馆建设标准》中均提到，要推行智慧体育场馆认证，率先支持南京奥体中心和杭州黄龙体育中心等大型体育场馆建成智慧体育场馆。最后，以政府为主导的行业协会成为官方意志落地实践的行动主体，从资源、管理、技术和标准四个层面，提出了我国体育场馆智能化转型升级的构想与对策。如2019年的《体育场馆建筑智能化系统技术标准规程》制定了具体的智能化系统工程设计和施工标准。

（2）消费的有效变革

消费者需求是冰雪场馆生存和发展的根本和源泉。随着人民生活水平的不断提高、全民健身理念的增强，冰雪运动的消费需求也在日益升级。在消费理念上，更强调个性化和健康性；在消费结构上，更注重高端性和多样化；在消费方式上，更关注娱乐性和智慧化。在此背景下，积极推出新服务、新产品和新运营，最大限度地满足冰雪消费者个性化、多样化和精准化的需求成为当前冰雪场馆发展的核心诉求。

目前，部分冰雪场馆已经借力消费升级的东风逐渐完成了转型，主动运用前沿数字技术掌握了消费者的实际需求，以期更好地适应新形势下人民群众日益增长的体育文化美好需求。与此同时，程序化消费体系的建设也成为冰雪场馆智慧化转型升级的重要组成部分。智慧体育场馆会为每一个消费者建立一个立体数据库，只需通过平台输入自己的消费关键词，系统便会自动呈现场地预订、教练咨询、运动社交和费用支付等服务流程，以创新的方式实现冰雪场馆“一体化智慧运营”的新模式。总之，消费内容、消费方式等需求的有效变革将不断倒逼冰雪场馆积极投入并广泛参与到智慧化转型实践之中，且参与的规模、深度将逐步扩大和加深。

（3）科技的深度融入

随着物联网、大数据、云计算、人工智能和5G等新一代信息技术的迅猛发展，数字技术正以前所未有的广度和深度重构人们的生活、学习和思维方式，并对冰雪旅游产生了深远影响。在改革开放初期，国家和社会的主要任务是提高人民的收入水平，当时的全民健身意识和科技水平尚处于萌芽和起步发展状态。在此期间，科学技术对体育场馆的作用尚处于外围辅助阶段，主要是通过计算机系统对场馆活动产生的数据进行收集、整理和保管，以便于后续工作总结和未来研究使用。2017年党的十九大提出，要推动互联网、大数据、人工智能和实体经济的深度融合，建设数字中国、智慧社会。在这样的大环境下，互联网、大数据和5G等数字技术逐渐融入体育场馆领域，实现了对场馆内消费者平均心率、耗氧量和卡路里等数据的实时监测，以及快速的场馆预订和教练预约。此后，随着创新成为驱动中国发展的第一动力以后，数字技术与体育场馆的融合逐步向定制开发和深度融合等纵深方向推进，为我国体育场馆的智慧化转型升级提供了充足的原动力。

（4）场馆的自我改良

自北京申办冬奥会获得成功以来，我国各级各类冰雪场馆投资建设的数量和规模呈现出“双线”增长态势。国家体育总局发布的《2022年全国体育场地统计调查数据》显示，全国共有冰雪运动场地2 452个。其中，滑冰场地1 576个，占64.27%；滑雪场地876个，占35.73%。然而，受传统体制惯性的影响，冰雪场馆建设的规模越大、数量越多，其闲置和亏损的情况就可能越严重。基于此，冰雪场馆行业开始尝试利用科技来破解运营管理的痛点，积极运用“去运动”“运享通”“呼啦伴伴”“啪啪运动”等智慧信息平台进行自我改良，有效提高了场馆管理水平、改进了资源利用效率、增加了场馆营业收入。如上海久事智慧体育公司主动与杭州巨岩科技公司合作，开发应用了科技化、无人化和一体化的软硬件综合智慧解决方案，有效提高了活动的组织效率，降低了组织成本，实现了“降本增效”。阿里体育中心则利用科技实现了场馆内人、物的紧密结合，形成了一种具有更高附加值的复合业态创新模式。因此，冰雪场馆的智慧化转型升级不仅仅是智能软硬件设备的布置和加载，也是现代化运营观念的转变，更是科学管理方法与智慧技术的融合。在此背景下，我国冰雪场馆如何从自我改良视角实现智慧化转型升级引发了业界的高度关注和广泛实践。

5.2.2 冰雪场馆智慧化转型的效应解析

（1）发挥协同效应破解场馆管理效率低下问题

当前，传统冰雪场馆主要实行以“人”“物”为中心的要素管理方式，以人的感知、经验和预判为主，这导致场馆行业运营管理效率普遍低下。冰雪场馆智慧化转型升级有望将数据要素转变为管理要素，通过对传统场馆数据信息获取、处理和传播模式的有效整合，实现场馆管理的优化与提升。

首先，冰雪场馆智慧化转型升级可以有效打破不同部门系统之间的信息壁垒，实现订场管理系统、场地租售系统和票务管理系统等的一站式管理，有效破除传统体育场馆在预算管理、人事管理、服务管理和分配管理等方面的弊端。

其次，冰雪场馆智慧化转型升级可以提高场馆管理者的科学决策水平。面对海量多维度、多视角的内外部数据信息，数字技术可以利用多元数据算法构建管理辅助模型，为冰雪旅游场馆管理者的科学决策提供智力支持。

最后，科学技术还能为场馆的后台管理与维护提供更多支持，从而降低场馆对管理人员的依赖性。具体而言，冰雪场馆智慧化转型将有效提高场馆前后台之间的信息衔接和价值交换，将场馆的管理技术人员从传统的信息服务和系统维护等常规工作中解放出来，通过数字技术的自动防护和程序处理手段协助场馆的服务运作和资源管理，大幅度提升管理者的管理半径，细化管理“颗粒度”。

（2）发挥匹配效应破解场馆服务质量不高问题

受到物理时空的限制，传统冰雪场馆只能满足普通的运动训练和赛事观看，且服务层次较低。然而随着社会主要矛盾的转化，对场馆服务的要求和标准不再只是简单地满足消费者物理时空的单一资源需求，而是转向了在时空、形式、内容三个层面上实现对顾客个性化需求的精确匹配，打破二者之间的交易“黑箱”。要充分发挥数字技术的匹配效应，实现冰雪场馆和消费者信息的精准高效对接，进而围绕消费者的个性需求提供高品质的服务。

首先，冰雪场馆智慧化转型可以实现对相关信息的分类、甄别和筛选，改变“点对点”的传统信息选取方式，不仅能加速数据信息的获取，更能提高所获信息的价值。与此同时，在非对称加密等技术的辅助下，还可以对数据进行选择性的加密和公开，使场馆内的数据信息资源更具透明度和安全性，从而提高场馆信息资源的使用效率。

其次，智慧化转型升级可以有效提高冰雪场馆数据信息的处理能力，通过智能传感器的辅助应用深度剖析冰雪运动消费者的行为、心理及习惯，进而提供针对性的服务、提升服务价值感知。

最后，随着新业态的不断涌现，数字技术赋能下的智慧体育场馆功能日益多元化，通过集群和匹配效应关联各种虚拟信息，将冰雪健身服务、文化传播、健康知识咨询和赛事组织等不同内容进行有效衔接，从而实现不同消费需求的高效匹配。

（3）发挥溢出效应破解场馆资源闲置问题

传统冰雪场馆的资源配置、产品服务和经营管理等方面已经不能满足新时代人民群众日益升级的对美好生活的需求，存在着资源错位或错配现象，导致资源闲置。充分发挥智慧场馆的溢出效应可以提高其在规划、建设和运营等方面的生态化水平，有效缓解资源闲置问题。

首先，项目启动前采用数字技术对场馆的规划设计进行全方位评估，从源头上制订一套科学合理的资源使用方案，实现场馆建成后的综合、反复和持久利用。

其次，冰雪场馆智慧化转型是对传统消费模式的主动变革，通过跨时空传递以及零边际成本给予所有消费者平等享有数据信息获取的机会，实现消费需求和场馆供给在网络空间中的“面对面实时感知”，从而有效提高各类消费者的满意度。而场馆消费者的愉悦体验分享可以有效激发其他潜在消费者的主观能动性，推动冰雪旅游消费群体心理和行为模式的转变，进而通过资源的有序共享等手段拓展场馆的外部市场范围。

最后，在正常使用智慧冰雪场馆常规资源的基础上，通过数字技术深度整合各项资源的基本单元、功能结构及其互动关系，再根据需求等要素对各个相对独立的信息资源进行梳理排序，在充分挖掘需求的基础上，提高资源利用效率，形成一定规模的“长尾效应”。

（4）发挥乘数效应破解场馆盈利模式单一问题

长期以来，在冬奥赛事和国家政策驱动下，冰雪场馆一直强调通过数量的增长实现价值增值，造成了盈利模式单一、多数场馆运营亏损的状态。充分利用智慧场馆的乘数效应，盘活场馆资源的附加价值，实现从单一固定产品服务到满足消费者多元化需求的价值增值模式延伸，成为提高场馆盈利水平的新路径。

首先，冰雪场馆智慧化转型可以丰富营销手段，通过内容营销、口碑营销和数据营销等方式提高营销效率。当前，冰雪场馆的营销范式大多被传统的“整合营销”传播思维所主导，仅能满足市场集合性的标准需求。智慧冰雪场馆营销则可以有效识别目标受众群，依据消费者的时间价值感知进行市场细分，借助网络时间溢出效应获取超额利润。同时，通过对目标客户的细分定位，发现高价值的客户群体，达到扩大规模经济的目的。

其次，冰雪场馆智慧化转型可以通过提供冰雪产品服务咨询、健康素养培育、冰雪运动知识宣传和冰雪赛事组织等多元化内容扩大消费者基数，既能快速分摊冰雪场馆智慧化转型升级的创新成本，又能有效培育市场供给方的规模经济，实现流量变现。

最后，冰雪场馆智慧化转型可以实现单一体育服务产品向其他产品形态的快速转换，在原有内容基础上产生“乘数效应”。与此同时，通过激发管理、技术、数据和劳动力等多要素之间的耦合效应，延伸场馆的价值链，实现数字技术赋能下的价值增值。

5.2.3 冰雪场馆智慧化转型的推进策略

（1）优化数字技术供给水平

冰雪场馆的智慧化转型升级亟须强有力的技术支撑，以避免实际应用场景中不兼容现象的出现。

首先，针对数字技术迭代快、存续周期短的特点，必须有针对性地持续追踪实际运用特征和面临的挑战，精准把握人工智能、云计算、区块链和移动通信等数字技术的创新趋势，选定正确合理的技术路线，避免转型升级后仍出现“掉队”的窘境。如场馆建设方借助建筑信息模型（BIM）的数据化功能解决了北京冬奥会张家口赛区场馆所处地形复杂、技术迭代风险大的难题，为项目建设提供了新思路。

其次，面对技术采纳滞后的问题，要坚持“建创并重、需求导向”的转型原则，通过数字技术实践应用提高冰雪场馆的开放程度，以业务创新的实际需求把控冰雪场馆智慧化转型升级的速度和节奏。如某市的大型冰雪场馆，通过互联网软件平台对馆内的运动项目、运动器械、冰雪教练和相应配套设施等进行分类展示，同时持续强化5G、物联网和虚拟现实等高新科技资源的采集和建设，基本完成了网络环境、运营系统、场馆服务、市场开发和后勤保障等多个项目的智慧化建设。

最后，面对技术融合效果差的问题，要坚持“动态创新、弹性扩展”的转型理念，精准把握大数据、云计算和物联网等各种数字技术融合的边界，从而降低转型的不确定性，实现智慧价值的最大化。与此同时，鼓励各智慧冰雪场馆开展数字技术应用合作，推动场馆智慧化转型后管理、营销和服务等的实践应用，避免盲目转型的功利主义倾向。

（2）提升人力资源数字素养

冰雪场馆的智能化转型必然带来人力资源数字素养的升级，加强复合型人才的培养迫在眉睫。

首先，应成立专业的机构加强对场馆管理层的数字素养培训，从意识层面改变智慧化转型各自为政的问题，有效规避业务对接过程中因观念不同而造成的不利因素的产生。当前国家体育总局体育信息中心会不定期举办智慧体育场馆高峰论坛，将数字化理念传递给全国体育场馆（冰雪场馆）的管理人员。

其次，智慧转型机构应定期对冰雪场馆教练员开展数字技术培训，提升其熟练应用数字信息技术的能力，为冰雪场馆智慧化转型升级奠定坚实的人才基础。同时，可以通过“产学研”一体化机制为人才培养创造良好的实践环境，实现广泛数字技术和过硬体育运动知识的良性互动。

最后，针对消费者对智慧冰雪场馆的使用体验不高的问题，智慧场馆主体应积极加强与消费者在数字产品、数字技术、数字形式方面的沟通，通过举行智慧场馆开放日、设立冰雪场馆数字展台、参加冰雪用品博览会等方式重塑消费者的使用体验。尤其是在智慧城市建设试点区域，智慧场馆要加强同辖区内的社区机构的联动，共同增进消费者在智慧场馆体验中的获得感和幸福感。

（3）拓展资金来源分层渠道

在现行体制机制下，为应对冰雪场馆智慧化转型所带来的经济投入增加，需要拓宽多元化的融资渠道。

首先，冰雪场馆智慧化转型过程中应尽量避免采购“个性化”“高端化”的数字设备，可适当采用“拿来主义”。与此同时，应基于实地调研，根据场馆周边区域的现实情况制订分阶段的智慧转型方案，从而提升资金“筹措-使用”的灵活性，优化“投入-产出”的比例。例如，对冰雪场馆内智慧停车场的改造升级，就必须充分考虑场馆所处地理位置，以及改造后收益等综合因素后再做出决策。

其次，冰雪场馆可完善自身造血机制，通过外部服务提供商的帮助来优化内部的服务活动和流程，与第三方主体共同创造、提升价值。

再次，可以借鉴英国政府强制性招标的公共服务购买方式，政府可以在一定期限内将体育场馆的经营权让渡给社会资本，以吸引积极竞标，并通过合同机制与评估手段保障智慧化升级的资金需求。

最后，可以鼓励具有社会责任感的大型企业牵头设立智慧化转型助推基金，在支持大型滑雪场智慧转型升级的同时帮助中小型冰雪场馆持续更新相关智能设备。如当前阿里体育正在有序推动“春雷计划”，该项目已投入上亿元资源，成功扶持了诸多中小型体育场馆的智慧化升级。

（4）推进数据伦理道德规范建设

任何技术的无序扩张都必然会给现实社会带来严重的伦理灾难，因此对数字技术适度约束将是推进智慧场馆伦理道德建设的有效措施。

首先，必须切实强化对数字服务业的监管。冰雪场馆作为智慧软硬件设施的采购方，必须同相关科技公司签订严格的保密条约，以确保其所生成数据的保密性与安全性。当然，数字技术服务提供商也应进一步推进伦理道德规范建设，避免因内部的非法传播导致用户隐私数据泄露。

其次，要持续强化智慧冰雪场馆建设中人文元素的融入。技术改变的是冰雪场馆管理、服务、营销和组织等的存在形式和获取路径，不变的是满足消费者需求的根本宗旨。因此，智慧冰雪场馆要充分认识到人性化建设、人文关怀的重要性，从而有效规避技术理性僭越价值理性所产生的伦理风险，坚持“以人为中心”的价值导向，避免陷于“只见技术不见人”的尴尬局面。此外，还应加强场馆教练员与智能机器的良性协同，减少智能机器设备给消费者带来的“冰冷无助”感，彰显“以人为本”的价值内核。

最后，冰雪旅游场馆应将传统业务和智慧业务相融合，以应对快速过渡所带来的消费群体适应性障碍，同时加强对特殊人群的技术关怀，缓解老人、农民等在智慧场馆中面临的“数字鸿沟”，从而真正实现“人文”与“技术”双轮驱动下冰雪场馆的智慧化升级。

5.3 冰雪旅游体验的“人文化”关怀

体验是一种早已存在但尚未被阐明的经济产出类型，当企业有意识地以服务为舞台，以商品为道具，并使消费者融于其中时，体验经济便出现了。但是，只有当体验被融入经济活动中并成为经济效益的来源时，才能在经济领域中占据举足轻重的地位。因此，体验经济的出现，打破了对产品和服务原本价值的构成界定，从一个新的角度明确了体验可以为企业所生产的产品创造新的价值。在滑雪服务供给中，体验经济既是一种环境，也是一种感受，体验也成为冰雪服务供给最直接、最根本的需求，正在引领一种新的经济变革。

5.3.1 体验诉求决定了冰雪服务竞争优势的关键需求

体验诉求与冰雪运动的体验特征高度契合，因此，确保体验效果是提高冰雪服务产品竞争优势的关键所在。从体验角度出发，将冰雪服务的性质与其自身特性相联系将呈现出不同种类的体验需求。换言之，体验产品的供给应契合不同参与者的技术水平。冰雪旅游服务体验包含三个维度。

第一，“差异化”的冰雪服务供给。基于不同冰雪场地设施服务类型的不同、雪场设施和条件的差异，市场上冰雪服务的供给存在很大差别。一方面，冰雪旅游消费者通过更换滑雪地点，感受不同的滑雪环境，享受不同的滑雪服务，是促使其持续性消费的关键所在；另一方面，同一冰雪旅游消费者在相同场所的不同次消费，也会对服务体验存在相应的“差异性”诉求，其中最主要的诉求是希望通过“差异性”服务形成对参与冰雪旅游活动期望的满足。例如，通过选择不同的冰雪训练方式来提升自己的冰雪技能；通过选择不同的雪道产生不同的滑雪感受和刺激体验；通过对不同项目的选择形成差异性的冰雪娱乐感受等。

第二，“个性化”的冰雪服务感受。与其他体育服务产品的供给相比，冰雪运动参与者对“个性化”的体验诉求格外突出。这种个性化是针对冰雪运动参与者以往的运动感受而言的。以滑雪为例，无论是初级滑雪者还是高级滑雪者，都能够通过不同滑雪服务产品的选择来满足其消费后的“个性化”价值判断。例如，夜滑极易满足消费者的个性化追求；高级别“黑道”或“地形公园”等特殊专用雪道的选择也极易形成“个性化”的认同。实际上，突出“个性化”体验的诉求是针对冰雪旅游服务的“难忘度”而产生的，即无论服务的供给形式如何，其最终的衡量标准都需要通过“难忘”予以保证。由此，冰雪旅游产品的体验诉求发生了从“个性化”到“难忘”的转变，并最终较好地满足了冰雪旅游消费者的期望，催生了持续的冰雪旅游消费欲望。

第三，“性价比”的冰雪服务导向。冰雪旅游所提供的产品，一方面要有多种类型的服务产品组合，另一方面要能够通过价格的差别形成对冰雪服务的差异性判断。因此，在体验诉求下，不同价位产品应该对应不同的感受。冰雪旅游消费者可以通过意愿价格对冰雪运动体验进行选择。但应该明确，冰场和雪场作为服务性商品的主要供应主体，其所提供的冰雪服务将呈现出不同的类型和不同的标准。例如，团购价格可以供初级参与者享受简单的服务，而VIP价格对应的则是多样化冰雪服务组合，即无论是何种体验的冰雪服务都应该对应合理的价格。因此，从这个层面上来看，消费者对于冰雪服务价格的合理性也有了相应的要求。

综上，体验诉求本身对冰雪旅游服务形成了关键性需求。归结起来，该诉求是为了满足冰雪旅游者的消费预期，进而形成对冰雪旅游服务的持续性消费，并最终决定冰雪旅游服务的市场竞争优势。

5.3.2 我国冰雪旅游体验服务现状

冰雪旅游服务是由冰雪场馆供给形成的，从统计学的角度分析，我国冰场数量众多且分散，探索冰场的旅游体验服务相对困难；而滑雪场相对集中，更方便和易于统计，所以本书基于空间计量的角度，对我国不同规模雪场（大型滑雪旅游度假区、中型滑雪场和小型滑雪场）供给服务进行研究，探讨不同类型滑雪场的竞争优势和显著差异。参考文化和旅游部以及国家体育总局对不同类型滑雪场的界定，结合对代表性专家的访谈，本书认为，0.5平方千米和0.1平方千米可以作为我国雪场规模划分的主要界限，即造雪面积在0.5平方千米以上的雪场为大型雪场，我国现有13家，包括所有大型滑雪旅游度假区；0.1～0.5平方千米造雪面积的雪场在我国处于适中范围，可以作为中型滑雪场，现有47家；而造雪面积0.1平方千米以下的雪场，无论是雪道的种类还是数量都严重受限，因此适宜作为小型滑雪场。

（1）大型滑雪场的体验服务现状

目前，我国大型滑雪旅游度假区主要聚集在吉林省和河北崇礼地区，其中，万达长白山国际度假区、万科松花湖度假区、万龙滑雪场、密苑云顶乐园和太舞滑雪小镇等都是典型代表。大型滑雪旅游度假区所提供的滑雪服务类型多元，能够较好地满足滑雪者的差异性消费需求，不但涵盖不同地形，还针对了特定人群，既有适合于不同技术水平滑雪者的不同雪道，又有为儿童设置的“嬉雪娱雪”设施，并且还会提供夜场滑雪服务。另外，大型滑雪旅游度假区非常重视滑雪硬件设施的配套，所配备的雪场机械设备，如索道、缆车、魔毯等，无论在数量上还是质量上均位居国内前列。而且这些滑雪度假区还都配备有与营销推广相关的软性设施，不但有独立的滑雪场网站、微信公众号，多数滑雪场还能够吸引品牌酒店入驻或举办滑雪赛事，以形成对滑雪场的多渠道宣传和整合营销。

各大滑雪旅游度假区的服务理念各有差异，特色展现也各有不同，例如万科松花湖度假区因靠近市区且对消费者的市场细分明确，所以具有较好的品牌效应；万龙滑雪场则因其特色饮食和高质量滑雪体验而形成了较强的市场竞争力。就滑雪服务运营成本效率的比较而言，除万龙滑雪场以外，其他大型滑雪旅游度假区的运营成本普遍较高，因为这些滑雪场的公司制运营方式存在一定的委托代理成本，致使它们的运营管理效率相对降低。

综上，目前我国大型滑雪旅游度假区在滑雪服务供给方面已经形成了一定的竞争优势，但其运营理念，特别是针对滑雪服务体验需求形成的判断还不突出。例如，在调研中发现，即使是上述提及的代表性的大型滑雪旅游度假区，仍存在拘泥于短期效益目标的实现而整体运营理念不清晰的发展现状。对于特色服务的展现则多源于消费者的自身感受及总结，而滑雪场在这方面的宣传凝练则相对滞后。由此，尽管当前我国大型滑雪旅游度假区已经开始重视打造滑雪服务的竞争优势，但整体上对于滑雪消费者的体验满足度并没有形成准确判断标准，滑雪服务竞争优势显现还并不充分，仍有较大的提升空间。

（2）中型滑雪场的体验服务现状

根据实地调研发现，我国中型滑雪场的滑雪服务质量明显低于大型滑雪旅游度假区，服务类型相对单一，各滑雪场间的服务体验差异性较大。

首先，中型滑雪场滑雪服务供给的可选择性不大，虽然大部分中型滑雪场同时拥有初、中、高三级雪道，但往往以初级或初中级雪道为主，高级雪道数量仅为1～2条，“嬉雪娱雪”设施也较为简单，仅有个别中型滑雪场拥有地形公园，因此，所能提供的滑雪服务类型相对单一。

其次，仅有10%左右的中型滑雪场能够提供夜滑等特色性的滑雪服务，大部分中型滑雪场的硬件条件一般，部分滑雪场的索道、缆车、造雪机等设备因运行时间较长，折旧比例较高，运行效率降低。

最后，中型滑雪场的营销推广方式传统陈旧，多数滑雪场的营销活动仍停留于价格推广，加之缺乏四季运营的有效管理手段，“一季养四季”的现象依旧普遍存在，导致价格虚高而其运营效率较低。当前，国内代表性的中型滑雪场的滑雪服务竞争优势尚未形成，除南山等个别滑雪场外，中型滑雪场普遍缺乏清晰的服务理念和特色的服务设计，对于滑雪服务体验意识的塑造则更是缺失，一方面原因是中型滑雪场运营的软硬件设施与大型滑雪场相比差异较大，另一方面源于经营者的非专业性限制。

（3）小型滑雪场的体验服务现状

《中国滑雪产业白皮书（2023）》统计数据显示，我国0.1平方千米以下的小型滑雪场在全国滑雪场中占比最大，达到84.07%。可见，当前我国滑雪场类型以小型滑雪场为主。小型滑雪场的运营效率、服务供给质量普遍较低，存在着雪道不平、造雪压雪效率低、有效管理机制不健全、相关师资培训力量薄弱以及安全保障措施不完善等问题。小型滑雪场的竞争优势主要源于其低价策略，但该策略无法保证滑雪场的收益稳定性。由于该类滑雪场的目标群体多为初级入门滑雪者，因此，在大环境利好状态下尚可确保短期收益；但长远而言，低下的服务质量和短缺的四季运营无法保证滑雪场的长期收益效率。因此，目前我国小型滑雪场尚未形成代表性的竞争优势，尤其是在质量保证和体验方面仍存在较大差距。

综上，当前国内滑雪服务的整体竞争优势并不明显，大型滑雪旅游度假区对标世界一流滑雪旅游度假区尚有差距；作为中坚力量的中型滑雪场未能有效占领市场；而小型滑雪场不但未形成竞争力，其质量和服务保障更是存在一定隐患。

5.3.3 我国冰雪旅游体验服务提升的路径驱动

基于上述分析，冰雪旅游服务的竞争优势与消费者的体验诉求已融为一体，但目前我国冰雪旅游服务的竞争优势明显不足，难以形成国际竞争力。因此，在聚焦国内市场、兼顾国际市场的双循环战略背景下全面提升我国冰雪旅游服务质量迫在眉睫。一方面，应将“体验”因素充分融入冰雪旅游服务生产中，夯实冰雪运动资源基础，提升冰雪运动参与质量；另一方面，冰雪旅游服务是具有生产消费统一性的特殊产品，需要发挥市场公共服务的全要素供给与冰雪旅游专项服务供给的作用，实现“体验”因素的充分融合，是保障大众冰雪运动参与“体验感”的关键所在，即需要滑雪场在设计和管理方面对专业性的“体验”诉求给予满足。

（1）内驱路径：生产中全面注入“体验”因素

在滑雪场的旅游服务方面，不同规模滑雪场在提供滑雪服务时所需把握的侧重点不同。其中，大型滑雪旅游度假区应注重多种“体验”的融入，既要实现滑雪技术的提升，还需要满足团队归属交流体验、个人自我价值突破体验、环境场景文化内核体验等诉求；中型滑雪场应将侧重点放在滑雪娱乐体验、技术提升、团队归属交流以及自我价值突破等体验上；小型滑雪场则需以滑雪娱乐和技术提升体验为主。特别需要指出的是，上述滑雪服务设计是基于体验诉求提出的，不管何种类型的滑雪场，都应确保消费者的“体验”感知。即使部分滑雪场不具备提供全面体验服务的条件，那么应该在既定资源条件下形成独有的特色型体验服务。换言之，滑雪场应该通过“特色体验”建成独特品牌，以差异化的方式抢占市场，建立起有效的滑雪服务竞争优势。

（2）外驱路径：市场中持续提供“体验”价值

外部驱动路径是提高冰雪旅游服务竞争优势的最直接途径，该路径侧重于从冰雪旅游公共服务的供给层面形成驱动。当前非政府组织是冰雪旅游服务供给的主力，因此，如何通过政府完成该类公共服务的购买是提高其竞争优势的关键。实际上，我国冰雪运动的大众普及程度并不高，一方面是受场地、时间和技术难度的制约，另一方面是因为国内的大众冰雪文化水平还有待提升，大众对冰雪运动的认识还不够深入。因此，从公共服务角度提供短期的免费或半免费性供给，让冰雪初学者感受到“体验”价值，将会呈现显著的驱动效果。要说明的是，该路径驱动效果的实现必须建立在优质的冰雪旅游公共服务基础之上，即此时的冰雪旅游公共服务突出强调对“体验”的满足，只有公众享受到了优质的“冰雪体验”，才能产生后续的自愿性的冰雪消费需求。

5.3.4 我国冰雪旅游服务体验“人性化”提升策略

（1）突出冰雪旅游人性化服务“体验”理念

更有效地应对市场中潜在的冰雪体验需求，需要赋予冰雪旅游“体验”服务设计，才能在市场上形成竞争优势，不论何种规模的冰场与雪场，都要将“体验至上”理念放在首位，积极思考如何在现有条件基础上将“体验”融入其中，以实现冰雪旅游服务的优化创新。同时，要注重体验对冰雪旅游服务的竞争作用，聚焦冰雪旅游服务生产全过程，有效保障消费者的体验质量。但需要注意的是，冰雪旅游服务“体验至上”理念的重点不是在意识形态上建立认知，而是在对“冰雪运动”进行专业剖析的基础上，思考如何实现其与“体验”的完美融合。但是，现实中我国多数冰雪场馆的管理者都是冰雪运营管理的“门外汉”，仅局限于对冰雪旅游服务的肤浅理解，很难创造出符合消费者需要的冰雪旅游服务。从实际运营看，万龙滑雪场和南山滑雪场的运营优势在业内具有很强的代表性，原因之一就是两个滑雪场的最高管理者都是资深的“滑雪者”，并且拥有20年以上从业经验，对行业发展趋势和冰雪旅游消费者的需求甚为了解。由此可见，冰雪场馆的管理运营是一个非常复杂的过程，涉及对冰雪场地、运营条件、相关服务设计、消费者心理把握等诸多方面。因此，管理者要经常深入服务一线，充分了解冰雪旅游消费者的需求变化，重视冰雪旅游服务供给全过程，从而使消费者获得超出预期的冰雪旅游服务体验。

（2）打造差异化的冰雪旅游体验服务供给

从当前的冰雪旅游消费情况来看，初级体验者在我国冰雪旅游群体中占比较大，他们的体验质量将会直接影响其后续的消费情况。冰雪旅游服务面对的是不同的客户群体，其设计应尽可能地体现出差异化，尤其是同一区域的冰雪场馆更应实现多元化的服务组成。实际上，冰雪旅游服务经常因冰雪消费者的差异而形成不同的需求。因此，如何满足不同的冰雪消费需求是实现优质服务的关键。最直接的方法就是场馆尽可能多地提供服务种类，但这需要一定运营成本的投入作为保障，因此更适合于大型和中型冰雪场馆。而对于小型场馆来说，找准目标客户群体是关键。因为只有明确了目标客户，才能在有限的条件下提供更有针对性的优质产品和服务，从而挖掘潜在消费者、促进持续消费。此外，差异性的冰雪旅游服务还应与“体验”实现完美融合。因为差异性本身就是特色的体现，而特色对“体验”具有非常突出的强化作用。事实上，市场需求也是如此，例如，2018年中国青年报社会调查中心的相关调查显示，“在接受调查的2 004名人员中，79.3%的受访者体验过冰雪旅游，其中，59.2%的受访者建议打造有特色的冰雪旅游产品”。可见，差异性产品的打造对于满足目标客户的体验诉求至关重要。

（3）增强冰雪旅游体验服务精准营销

如何精准开展营销是冰雪旅游服务竞争优势的重要因素，虽然目前我国冰雪场馆运营已开始重视营销，但营销方式和手段都较为传统和单一，缺乏创新策略和精准营销手段，难以形成对冰雪旅游消费者的有效宣传和消费引导。精准营销的理念是在产品营销的全过程中使营销更有针对性，能更准确地传递给潜在客户群，从而达到更高的营销效果。因此，对于目前并不被大众普遍熟知的冰雪旅游服务产品，增强营销的精准性至关重要。其中，精准的客户群定位和合适的营销策略的选择是实现精准营销的关键。在这一过程中，互联网的应用是一种行之有效的措施。对于冰雪旅游服务而言，其目标消费者的时尚特征、收入水平、消费偏好都与互联网营销的客户群“画像”有着较大的重叠，同时互联网也更容易对冰雪旅游消费者进行精准识别。例如，目前很多冰雪场馆都开发了APP软件，并受到了广大冰雪消费者的喜爱，同时大部分的潜在消费者也会通过互联网关注相应动态。因此，在精准营销的过程中，互联网不仅可以有效开展一系列的推广活动，而且能让经营者更好地了解当前的市场需求。

5.4 冰雪旅游生态的“综合化”治理

5.4.1 冰雪旅游生态化发展范畴

生态化是可持续发展框架下的发展理念、发展模式和社会组织形式，其本质是通过生态系统范式，依据区域生态经济学原理，协调人与自然的发展关系，实现经济效益与社会效应最大化，资源利用和生态环境成本最小化，最终达到绿色、循环、和谐、永续的发展目标。

冰雪运动是北美、欧洲和亚洲寒冷地区自发形成与发展的一种群体性生存、文体和军事活动。冰雪旅游更多的是在满足人类生存、发展之后而形成的一项冰雪休闲娱乐活动，中国的冰雪旅游主要集中在北方地区，是一项具有鲜明的自然、地理特征和独特的人文魅力的文化体育旅游产业。冰雪旅游生态化是由自然生态、经济生态、社会生态等诸多因素构成的综合性复合系统。气象气候条件、山地地形地貌、湖泊河流水系、雪量雪质、水土资源本底等自然生态条件是冰雪旅游赖以存续的基础性条件，雪场冰场的数量、规模以及配套的旅游软硬件设施，旅游市场体系，旅游产业链条，独特的冰雪文化内核，区域经济体系支撑等则是冰雪旅游可持续发展的关键环节。

中国是世界上冰雪资源最为丰富的国家之一。进入21世纪，特别是党的十八大以来，习近平生态文明思想成为旅游行业的行动指南和根本遵循。做好冰雪旅游的可持续开发规划，实现科学化、生态化发展是冰雪旅游产业高质量发展的关键所在和重中之重。“冰雪”的生态要素需求决定了冰雪旅游高标准生态化建设和保护的条件。冰雪旅游文化遗产的性质及其对社会的影响是国际上冰雪旅游可持续发展的普遍研究主题。冬奥会是一场大型的综合性体育赛事，建构高价值的生态文明遗产，打造冰雪旅游生态化标杆，是中国冬奥会举办的重大战略任务，对于引导国际生态旅游范式、促进全球产业生态化和可持续发展以及构建人类命运共同体具有重要意义。

综合考量“生态文明”、“生态旅游”和“绿色奥运”的发展要求，冰雪旅游生态化发展应以保护生态环境、减少生态扰动和维护生态平衡为前提，以提升旅游生态化水平为宗旨，以整合加强旅游非生态要素和可持续发展能力为根本，将冰雪文化体育旅游产业发展的权利与义务进行有机整合，推动绿色冬奥的生态旅游精神广泛传播，最终实现冰雪旅游产业、区域生态环境、冰雪生态文化的创新和谐永续发展。独特的气候造就了寒区文化的多民族性和多元化，孕育出了独具特色的冰雪文化。在生态文明建设的指导下，坚持“冰天雪地”与“金山银山”协调统一，把生态化理念引入到冰雪旅游发展之中，优化冰雪旅游的创作设计和商业模式，实现生态效率的低投入、经济效益的高产出以及社会效率的正效应。

冰雪旅游对生态环境的依赖程度很高，其高速发展与生态环境矛盾制约凸显，主要体现在：①冬季降水、降雪影响。相对于其他旅游区，滑雪度假区的选址更多地受到气候条件（主要是降雪、积雪条件）的制约，其中冬季降雪条件是影响冰雪旅游区布局的重要自然生态因素。②地形地貌影响。滑雪旅游是一种自高而低的速降体育旅游项目，需选建在地势起伏较大的区域。③水系影响。滑雪旅游区的供水系统由以河流湖泊为主的地表径流和以地下水为主的地下径流所构成，因此，天然水系对其布局的影响尤为重要。④生态环境对冰雪旅游业及冬奥会举办的制约。冰雪旅游开发和运营产生的垃圾、污水、扬尘，湿地、草地与林地的占用等对水系、土壤、大气环境、植被覆盖率，区域内生物数量、种类、多样性，以及生态系统特征、结构与功能产生了显著的影响。

5.4.2 冰雪旅游生态化发展的重点问题分析

（1）冰雪旅游生态足迹

基于生态赤字和盈余的视角，当前的冰雪旅游开发模式存在生态环境风险。冰雪旅游发展整体上呈现为生态盈余，黑龙江、河北等部分冰雪旅游重点区域则处于生态赤字状态，不少地区已经超出了景区接纳上限，无法适应不断增加的冰雪旅游需求，面临着生态环境的“非可持续”发展。冰雪旅游区林地、耕地、建筑用地的人均生态承载力较高，分别占比约为23%、70%和6%；而化石能源、草地、水域的人均生态承载力低，总体小于1%，呈现生态赤字。冰雪旅游生态足迹消耗主要以餐饮、娱乐为主，人均生态足迹占比分别为21%和41%左右，而购物、观光等生态足迹消耗较少。从生态压力指数来看，冰雪旅游对于林地生态环境的影响相对较小，而对于水域和草地则存在较大生态风险。

（2）冰雪旅游环境（EKC）分析

通过面板协整检验以及最小二乘估计研究，我国北方主要冰雪旅游区域的环境水平与经济社会变量之间呈现显著的“倒U形”关系，受区域经济水平的提升、人们环保意识的增强、科学技术的进步、政府治理能力的加强等多种因素影响，区域环境破坏水平在达到一定的拐点以后会出现转折，紧接着呈现出不断下降趋势。

据研究，环境库兹涅茨曲线的拐点大约在人均GDP达到10万元以上时出现。从EKC模型来看，虽然部分地区的环境状况已经越过拐点或已接近临界值且呈现向好趋势，但环境-经济的演变趋势还会受到旅游地域系统、生态化发展程度、城镇化及环境政策等因素的影响而产生动态变化。此外，EKC模型及其拐点的检验都是基于对经验数据的描述而非预测，很多研究也表明：经济规模、结构、质量或政策等因素也可能会致使环境库兹涅茨曲线的形状产生波动，甚至可能在“倒U形”曲线右侧又重新出现正向的环境-经济关系，这种现象的出现与环境治理的复杂性密切相关。我国主要冰雪旅游区域——东北三省距离EKC拐点还存有较大差距，在当前经济体系没有根本转变的情况下，未来一段时间内环境变量还将呈现出持续增长态势，因此，冰雪旅游区域的生态环境压力或将持续增强。

（3）冰雪旅游面临的生态环境问题

冰雪旅游具有较强的环境依赖性，但参与主体普遍存在环境思维失位，很多地区仍在沿用粗放式的开发模式，造成了严重的生态环境问题。主要问题包括：①资源过度消耗问题。为了应对自然降雪短缺，我国很大一部分滑雪场都依赖人工造雪来维持运营，但所采用的造雪设备大多未实施绿色、低碳、循环转型，能耗较高。②植被破坏问题。在建造冰雪场地、安装相关设施设备以及景观改造等的过程中的植被清除、场地固化、水电管线铺设等均会对植被种类、质量造成破坏，从而影响山地植被的完整性与多样性。③水土流失、融冻泥流问题。滑雪道等的建设和运营会破坏土体结构，致使土体松散、渗透性能发生改变，涵养水源能力降低，加剧水土流失风险。④水源污染问题。滑雪场区建造及运营过程中所产生的工程废水和生活污水很多未经循环化处理，对相关生物群落和周围的水源安全造成了极大的威胁。

当前，冰雪旅游的生态环境保护与可持续性发展工作日益受到社会各界关注，联合国环境与发展大会提出的“生态化”发展理念开始融入冰雪旅游的发展进程中，《奥林匹克运动21世纪议程》中也提出了把“可持续发展”作为冬奥运动和全球冰雪文体旅游界的责任。为此，各国开始在冰雪旅游生态化与可持续方面展开行动，同时，冬奥会也迈入了生态化发展。今后一定时期内，冰雪旅游“生态化”综合治理将成为中国旅游产业的热点和焦点领域。

5.4.3 冰雪旅游生态化治理建议

（1）平衡生态规模与发展效率关系，实现冰雪旅游发展方式转型

目前我国冰雪旅游主要区域的生态足迹普遍处于较高水平，部分地区甚至呈现出生态赤字，特别是冰雪旅游所涉及的餐饮、娱乐项目会导致该状态频繁呈现。为此，我国冰雪旅游的发展应践行“两山”理念，着力“双碳”目标，以生态环境承载控制为核心，以冰雪资源利用方式的转变为驱动，紧抓冰雪产业结构调整主线，着力提高冰雪产业运营效率，适当控制资源利用规模，加快形成与美丽中国建设相适应的生态创新型冰雪旅游发展方式，努力实现人与自然的和谐共生。

（2）严格国土空间规划管控，优化冰雪旅游空间布局

当前，我国冰雪旅游发展的部分区域已呈现出植被破坏、水土流失、水源污染等生态承载问题，因此，必须统筹考虑“山水林田湖草沙”和冰雪旅游发展要素“协同平衡”的生态空间布局，推进冰雪旅

游主体功能区的合理规划和空间调控，打造国土空间利用高效、实施主体功能明晰、生产服务错落有致的冰雪旅游功能区。此外，近期冰雪旅游的整体发展应着重注意“生态型冰雪旅游开发区域”的整体规划，特别是冰雪旅游产业多集中分布于森林山脉区域，应以森林山脉的生态保护和生态化治理为核心，逐步向四周辐射，实现对整个冰雪旅游地的生态布局。

（3）建构冰雪旅游生态创新系统，优化冰雪旅游产业生态链条

冰雪旅游生态化产业创新链条的打造，一方面，要在科技创新含量高、生态经济效益好的冰雪旅游产业技术上取得突破，创新打造从生态场馆、生态景区、生态产品到生态消费与生态文化再到生态环境修复的整个冰雪旅游产业生态创新系统，建议在国家相关研发计划中设立“冰雪科技”专项，围绕“减污降耗、绿色消费、智慧旅游、低碳循环”等方面开展工作，有序推进冰雪旅游创新科技成果转化。另一方面，要通过设立生态产品目录，规范财政、金融、税收优惠和行业补贴、宣传引导等政策法规，鼓励各相关主体在生产、销售和消费环节实施生态化改造，打造创新、高效、绿色、低碳的冰雪旅游产业生态链条。

5.5 冰雪旅游发展的“制度化”构建

冰雪旅游是我国的朝阳产业和幸福产业，后奥运时代通过推动普及冰雪运动带动全民健身和全面小康走向纵深。但由于市场经济存在“失灵”的先天缺陷，需要国家从制度设计和宏观调控层面整体把握冰雪旅游的高质量发展。

5.5.1 冰雪旅游产业的立法原则

（1）坚持依法治国基本方针不动摇

在中华人民共和国成立70多年来的发展进程中，依法治国的基本方针已经获得了制度化确立。建设法治的完备框架，是实现建设中国特色社会主义法治体系、建设社会主义法治国家总目标的重要环节。依法治体是依法治国中的重要内容之一，促进依法治体才能实现体育治理体系和治理能力现代化，才能为建设体育强国提供有力的制度保障。新时代的体育法治建设，必须在党的全面领导下，坚持依法治体的基本方针不动摇。在实现体育强国的进程中注重培养选任专业性法律人才，来化解和解决新时期体育领域中出现的新矛盾、新问题。具体到冰雪产业，由于其行业的特殊性和产业发展的重要性，需要多部门的合力共举、凝心聚力，制定符合冰雪产业发展方向的、契合冰雪产业特点的法规制度，需要培育复合型、专业化的冰雪人才队伍，需要坚持冰雪产业发展的法治化方向。

（2）以法治保障实现公民体育权利的最大化

法律对公民实现体育权利最大化的彰显，是冰雪产业制度化发展的法理基础，也构成了冰雪产业发展与实现公民体育权利的正当关系。一方面，健全法治有助于规范促进冰雪产业的发展，为公民提供日益丰富的冰雪文化产品和配套服务，这是公民实现体育权利和健康权益的根本基础；另一方面，冰雪产业的发展内容明确了国家所应当承担的责任和义务，政府对冰雪产业发展实施制度保障，是对公民体育权利长久关注的重要体现，也是落实以人民为中心发展冰雪产业这一理念的重要阐释。冰雪产业发展与公民体育权利存在对应关系，发展冰雪产业不仅要求管理者深谙经济动态规律，实施立法的预见性防治，更要明晰冰雪产业发展在实现公民体育权利、保护公民健康权益、谋求公民健康福祉方面的重要意义。这就需要政策制定者转变观念，将工作重心从发展冰雪经济的一元理念转变到既关注经济发展，又关注公民体育权利的二元理念上来。

5.5.2 完善冰雪旅游产业法律体系的建议

（1）补充完善《体育法》相关内容，设立体育产业专门法规条例

在中国特色的体育法律体系中，《体育法》发挥的是基本法、上位法的作用，具有指导性功能。就立法而言，我国《体育法》采用了留白的立法技术，采用宣告权利的语句，对各方向的体育事业发展起方向性引导作用，为专项体育立法留下了大量空间，但宏观性的《体育法》对冰雪产业的发展无法起到充分保障作用。应补充《体育法》中的相应条款，进一步修改和完善《体育法》中与现时体育产业发展不相适应的条款，增强《体育法》的基本法、上位法的统领作用。

冰雪旅游的蓬勃发展还需要有针对性的专门法规、条例支撑，比如国务院制定有关冰雪资源开发过程中环境保护问题的实施条例、冰雪文化推广策略实施办法、冰雪运动人才培养措施的实施细则等。推动地方人大根据经济发展情况、产业特色，制定有关冰雪产业推动经济发展的地方性法规，地方政府出台为冰雪产业发展保驾护航的地方政府规章等。在进一步健全体育法律法规体系的建设中，应当充分发挥中央立法和地方立法的积极性和创造性，坚持中央统筹规划与地方因地制宜相结合，为冰雪旅游的发展带来制度性的保障和创新，为新时代的依法治体工作保驾护航。

（2）明确政府定位，加强行业治理

实现冰雪旅游产业的法治化、制度化发展，需要构建和谐有序、多元共治的发展格局。政府的管理要从强硬的行政手段和过多过细的具体事务干预回到宏观管理与服务的定位上来，明确自身定位，划分

行政管理边界，简政放权，权责分明，提高处理政务的水平和行政办公效率，减少行政审批事项，市场能解决的交给市场解决，推进行业自治，打造服务型政府。

企业作为市场的主导者，应当承担起市场主体的社会责任，合法经营、遵规守纪，不做虚假定价，不做夸张宣传，发生争端和纠纷时及时主动承担责任。冰雪企业内部之间要合理竞争、相互监督，规范经营环境和市场。

行业组织应积极组织冰雪企业成立行业联盟，建立自治性规范和规章，共同约束市场行为，合理反映成员共同利益诉求，同时为公众提供一个开放的纠纷调解平台，可以有效增加纠纷解决中的柔性化因素，从源头上为减少争端与纠纷提供帮助，营造公正合理、公平有序的冰雪旅游市场。

（3）设立体育专业仲裁机构，分担民商事纠纷庭审压力

仲裁具有效率高、时限短、一裁终裁的特点，能够达到争议迅速解决的要求。与行政裁决相比，仲裁具备准司法性质，更具中立性和权威性，与司法审判严密和繁复的程序相比，仲裁的效率更高，同时独立于行业协会之外，不受各方干涉，居中裁断。体育发展“十三五”规划已明确提出：探索建立中国特色的体育仲裁制度。体育仲裁机构的缺失已经成为我国体育行业纠纷解决机制健全和规范运行的瓶颈。与劳动仲裁、商事仲裁和国家司法不同，体育仲裁机构的人员还需要具备专业化体育法律知识，才能做到公正合理裁决。建议参照《中华人民共和国仲裁法》关于仲裁程序的规定，选拔专业人才、资深教练员、运动员、协会负责人等组成中国体育仲裁委员会，设置仲裁员资格、仲裁程序、裁决执行等具体制度。程序上分为申请、受理、开庭和裁决四部分。专业的仲裁机构比法院更专业，效率更高、成本更低。为支持冰雪体育事业的健康发展，可以在体育仲裁委员会

下设冰雪体育仲裁庭，专门受理有关冰雪产业的体育纠纷。比如游客在滑雪体验中受到伤害的责任分配问题，企业与教练员签订季节性合同是否违规问题，都可交由冰雪体育仲裁庭做出裁断。这既可以为当前堆积的民商事案件分流，又可以聚集专业化人才，运用专业知识，为当事人搭建中立的解决平台，做出权威公正的裁决。

（4）完善体育法治文化建设，推进冰雪产业的软法之治

新时代政府要营造良好的法治文化环境，加大普法以及体育法的宣传力度，贯彻落实“谁执法谁普法”的普法责任制，体育普法与体育执法相结合，政府监管人员带头学法、尊法、用法。

随着科技的不断进步和发展，普法教育的载体、方式和内容都发生了较大改变，当前应充分运用互联网和新媒体工具，创新多样化的普法形式和公众参与机制，推广典型经验做法，形成体育普法的自主性和渗透性。

在法律意识方面应首先增强民众维权意识，增加民众维权途径。为了维护自身的合法权益，民众应当改变遇到侵权行为息事宁人的消极态度，拿起法律的武器坚决维护自身合法权益，在侵权行为发生时，应当首先与经营者协商解决，若协商不成，注意收集有力证据，保护证据的真实性与合法性，及时向行业协会、仲裁部门和行政主管部门提起申诉，要求对违法者进行惩处，寻求一个公正结果。民众要有维权意识，学会用法律武器保护自身权益也是法治社会的重要举措和进步。

此外，要重视培养高素质、复合型的体育法治人才，加强体育法学学科的建设力度，使未来的法律职业者——律师、法官等对专业的体育相关法律有深刻的了解。

建立冰雪产业法律规制的关键虽然在政府，但当前政府推进法治建设已经不能通过传统的行政“命令-服从”方式进行，而是要采取

“鼓励-引导”软法之治推行，普及体育法治文化是体育法治建设的重要环节，而软法的创建和完善又是体育法治必不可少的举措。要将政府的宣传号召、行业的自治规范与民众的法治意识有机结合，最终实现冰雪产业法治化的多方参与和协同治理。

参考文献

[1] 韩元军. 以大众冰雪旅游助力北京冬奥会战略［J］. 旅游学刊，2020，35（4）：9-11.

[2] ANDREW H. The use of visitor understanding in skiing management and development decisions at the Cairngorm Mountains，Scotland［J］. Tourism Management，1998，19（2）：145-152.

[3] EDMONSON B. Skiing's demographic future［J］. Ski Area Management，1996，35（1）：62-63.

[4] MICHAEL J E， MICHAEL C R. Advertising strategy in tourism：A case study in the ski industry［J］. Annals of Tourism Research，1978，5（1）：179.

[5] CATHERINE P. Changes in demand for tourism with climate change：Acasestudy of visitation patterns to six ski resorts in Australia［J/OL］. Journal of Sustainable Tourism，2011，19（6）：767-781.

[6] YANG J， YANG R， SUN J， et al. The spatial differentiation of the suitability of ice-snow tourist destinations based on a comprehensive evaluation model in China［J］. Sustainability，2017，9（5）：1-13.

[7] DAWSON J，SCOTT D. Managing for climate change in the Alpine ski sector

[J]. Tourism Management，2013，35（4）：244-254.

[8] MARTIN F. A hedonic price model for ski lift tickets [J]. Tourism Management，2008，29（6）：1172-1184.

[9] TASHMAN P. Climate change and environmental performance：A longitudinal study in the US ski resort industry [J]. Academy of Management Proceedings，2011，2011（1）：1-6.

[10] SHIH C，NICHOLLS S，HOLECEK D F. Impact of weather on downhill skilift ticket sales [J/OL]. Journal of Travel Research，2009，47（3）：359-372.

[11] STEIGER R，SCOTT D.Ski tourism in a warmer world：Increased adaptation and regional economic impacts in Austria [J/OL]. Tourism Management，2020（77）：104032.

[12] DAWSON J，SCOTT D.Managing for climate change in the alpine ski secor [J/OL]. Tourism Management，2013（35）：244-254.

[13] 韩杰. 东北区冰雪旅游资源及其应用研究 [J]. 地理科学，1993（3）：234-241；295.

[14] 王民，陈传康. 黑龙江省滑雪旅游资源的开发与利用 [J]. 经济地理，1997（1）：100-102；45.

[15] 于国强，刘春艳. 吉林省雾凇冰雪旅游资源开发利用与整合研究 [J]. 资源与产业，2007（3）：45-47.

[16] 程志会，刘锴，孙静，等. 中国冰雪旅游基地适宜性综合评价研究 [J]. 资源科学，2016，38（12）：2233-2243.

[17] 吴伟伟，张春艳，郝生宾. 冰雪旅游资源的价值构成与体系构建研究 [J]. 技术经济与管理研究，2010（4）：152-156.

[18] 唐承财，肖小月，秦珊. 中国冰雪旅游研究：内涵辨析、脉络梳理与体系构建 [J]. 地理研究，2023，42（2）：332-351.

[19] 张瑞林，李凌，车雯. 基于社会阶层理论的滑雪体育赛事消费行为与营销策略研究 [J]. 北京体育大学学报，2019，42（11）：23-34.

[20] 陈思宇. 2022年冬奥会背景下北京建成一流国际体育中心城市的策略研究 [J]. 首都体育学院学报，2018，30（3）：244-248.
[21] 郭惠秋，孟光. 利用冰雪旅游促进黑龙江省经济发展的探索 [J]. 东北农业大学学报（社会科学版），2010，8（3）：31-34.
[22] 郝晶晶，齐晓明，张素丽，等. 内蒙古冰雪旅游资源及其利用研究 [J]. 干旱区资源与环境，2017，31（9）：201-207.
[23] 唐承财，肖小月，韩莹，等. 中国典型冰雪旅游地开发模式及优化路径 [J]. 自然资源学报，2022，37（9）：2348-2366.
[24] 王储，卢长宝，把多勋，等. 中国代表性滑雪场网络关注度时空演变及影响因素 [J]. 自然资源学报，2022，37（9）：2367-2386.
[25] 蒋依依，张月，高洁，等. 中国冰雪资源高质量开发：理论审视、实践转向与挑战应对 [J]. 自然资源学报，2022，37（9）：2334-2347.
[26] 王恒，宿伟玲. 冰雪旅游满意度影响因素与提升策略研究 [J]. 西南民族大学学报（人文社会科学版），2023，44（4）：37-44.
[27] 韩杰，韩丁. 中外滑雪旅游的比较研究 [J]. 人文地理，2001（3）：26-30.
[28] 陈燕娟. 南岳衡山雾凇冰雪旅游资源及其开发研究 [J]. 生产力研究，2005（5）：122-124.
[29] 张函弛，张幸福. 后冬奥背景下赫哲族冰雪民俗体育发展路径研究 [J]. 黑龙江民族丛刊，2023（1）：66-71.
[30] 李安娜. 北京2022年冬奥会背景下我国冰雪产业链现代化：机遇、挑战与路径 [J]. 沈阳体育学院学报，2022，41（1）：25-32.
[31] 吴军霞，李静. 北京冬奥会背景下张家口地区冰雪旅游品牌提升路径研究 [J]. 体育文化导刊，2021（6）：13-18；54.
[32] 闫静，徐诗枧. 北京冬奥会背景下我国冰雪产业高质量发展的困境与实现路径 [J]. 体育文化导刊，2021（5）：78-83.
[33] 冯烽. 北京冬奥会背景下中国冰雪经济高质量发展的推进策略 [J]. 当代经济管理，2022，44（3）：41-47.

[34] 阚军常，王飞，张宏宇，等．我国大众冰雪运动发展的问题、形成根源及对策［J］．体育文化导刊，2018（10）：40-45.
[35] 刘志林，王磊，丁银平，等．中国积雪资源时空演变特征及其旅游开发关键区识别［J］．地理研究，2023，42（2）：352-370.
[36] 周文静，张瑞林．东北地区冰雪运动产业高质量发展目标与路径［J］．体育文化导刊，2021（8）：14-19.
[37] 张瑞林，周文静，王伟．认知、演进、域外借鉴：中国的滑雪场可持续发展研究［J］．首都体育学院学报，2020，32（3）：221-227.
[38] 苗春竹，姚小林．产业集聚视角下中小型滑雪场品牌建设研究——以黑龙江省为例［J］．体育文化导刊，2020（12）：19-25.
[39] 李祥虎，袁雷，丁晓梅．全域旅游视域下我国冰雪运动小镇发展研究［J］．体育文化导刊，2021（4）：72-78.
[40] 王储，把多勋，马斌斌，等．2022年北京冬奥会背景下西北五省区冰雪旅游目的地协同发展研究——基于时空差异视角［J］．新疆大学学报（哲学社会科学版），2022，50（3）：9-17.
[41] 李艳翎，李光．我国冰雪体育旅游企业营销战略研究［J］．武汉体育学院学报，2016，50（4）：12-19.
[42] 王金伟，邹明乐，徐晓文，等．东北三省滑雪场时空格局演变及其影响因素［J］．经济地理，2023，43（8）：187-199.
[43] 李在军，张瑞林．冰雪产业融合发展的动力机制与路径探析［J］．首都体育学院学报，2018，30（6）：510-514.
[44] 陈钢华，张艳，胡宪洋．滑雪度假区属性的结构维度及其影响研究［J］．地理研究，2023，42（2）：371-388.
[45] 张丽梅．旅游文化产业视域下冰雪旅游与文化融合研究［J］．学术交流，2013（10）：106-109.
[46] 张春艳，胡运权，杜梅．旅游资源开发评价中冰雪旅游文化的塑造［J］．管理世界，2008（4）：173-174.
[47] 陆丰刚，陈寅平．冰雪旅游产业集群网络性风险与治理——基于刻画产

业集群网络关系委托-代理模型的分析［J］. 商业研究，2018（11）：161-167.

［48］ 刘国民，张彩云．“互联网+冰雪旅游”产业发展路径选择——以黑龙江省为例［J］. 学习与探索，2018（1）：130-134；176.

［49］ 陈玉萍，刘嘉毅，郭修金. 基于网络关注度的中国冰雪旅游产业发展启示［J］. 天津体育学院学报，2020，35（5）：519-524.

［50］ 李莼，曹艳姣，吕本富. 基于网络搜索指数的游客人数预测研究——以新疆阿勒泰冰雪旅游为例［J］. 新疆社会科学，2016（6）：46-51.

［51］ 张娜，佟连军. 吉林省冰雪旅游与区域经济增长协整分析及Granger因果检验［J］. 地域研究与开发，2012，31（5）：73-77；84.

［52］ 刘雪松. 高质量发展视域下寒地冰雪经济体系建设研究［J］. 税务与经济，2022（2）：55-62.

［53］ 杨春梅，李威，郑继兴. 冰雪旅游经济与城市旅游环境耦合协调度研究［J］. 企业经济，2018（1）：179-184.

［54］ 李瑛，程茂滕，张路. 北京冬奥会与中国冰雪经济发展——基于体育赛事产业的研究视角［J］. 山西财经大学学报，2022，44（12）：122-130.

［55］ 庄艳华. 我国冰雪文化普及的理论之维与实现路径［J］. 体育与科学，2018，39（5）：109-114.

［56］ 曹健，马卫星，李莉. 我国东北地区冰雪旅游文化资源深度融合发展的路径［J］. 社会科学家，2022（9）：33-41.

［57］ 吴伟伟，刘业鑫，张春艳. 基于承载容量的冰雪旅游资源预警管理研究［J］. 中国管理科学，2014，22（S1）：659-665.

［58］ 陈思宇. 京津冀冰雪旅游生态化发展的框架构建与路径选择［J］. 北京体育大学学报，2018，41（10）：32-38.

［59］ 高寰宇，曹连众，高圆媛. 我国冰雪产业链内容要素与优化路径研究［J］. 沈阳体育学院学报，2022，41（4）：1-7.

［60］ 叶茂盛，周丹，张伟，等. 法国滑雪场发展历程与启示研究［J］. 沈阳体育学院学报，2018，37（5）：35-41.

[61] 张宇飞，潘佳欣. 北欧国家冰雪旅游产业的发展实践与经验借鉴 [J]. 吉林体育学院学报，2021，37（3）：86-92.

[62] 王奇. 东北地区冰雪旅游业发展的新格局及路径探索 [J]. 经济纵横，2022，441（8）：83-87.

[63] 路璐，刘春玲，刘琳. 滑雪游客感知价值、满意度与行为意向的关系——以崇礼密苑云顶滑雪场为例 [J]. 干旱区资源与环境，2018，32（5）：202-208.

[64] 徐静，王安茹，田淑慧. 冰雪旅游目的地的游客选择意愿及影响因素研究——基于扎根理论的质性分析 [J]. 价格理论与实践，2021（3）：118-121；167.

[65] 方琰，徐海滨，蒋依依. 多源数据融合的中国滑雪场空间活力评价研究 [J]. 地理研究，2023，42（2）：389-406.

[66] 王世金，徐新武，颉佳. 中国滑雪场空间格局、形成机制及其结构优化 [J]. 经济地理，2019，39（9）：222-231.

[67] 朱晓柯，杨学磊，薛亚硕，等. 冰雪旅游游客满意度感知及提升策略研究——以哈尔滨市冰雪旅游为例 [J]. 干旱区资源与环境，2018，32（4）：189-195.

[68] 杨正轩，殷进. 冰雪旅游情境下幸福感作用机制探究——环境恢复性感知的前因作用与游客涉入的调节效应 [J]. 资源开发与市场，2022，38（12）：1418-1426；1450.

[69] 杨三军. 北京冬奥会举办对中国经济发展的效应研究 [J]. 体育与科学，2022，43（1）：1-6.

[70] 中国旅游研究院.中国冰雪旅游发展报告（2023）[R]，2023.

[71] ANDREW H. The use of visitor understanding in skiing management and development decisions at the Cairngorm Mountains, Scotland [J] .Tourism Management, 1998, 19 (2): 145-152.

[72] MEHMET F B, ERDOGAN K. An analysis of snow options for ski resort establishment [J] .Tourism Management, 2009, 8 (7): 1-8.

[73] DAWSON J, SCOTT D.Managing for climate change in the Alpine ski sector [J] .Tourism Management, 2013, 35 (4): 244-254.

[74] KONU H, LAUKKANEN T, KOMPPULA R. Using ski destination choice criteria to segment Finnish ski resort customers [J]. Tourism Management, 2011, 32 (5), 1096 - 1105.

[75] YANG J, YANG R, SUN J, et al.The spatial differentiation of the suitability of ice-snow tourist destinations based on a comprehensive evaluation model in China [J] .Sustainability, 2017, 9 (5): 1-13.

[76] 李在军. 冰雪产业与旅游产业融合发展的动力机制与实现路径探析 [J]. 中国体育科技, 2019, 55 (7): 56-62; 80.

[77] 柳鸣毅，丁煌，但艳芳，等. 体育强国建设背景下中国冰雪运动公共政策分析 [J]. 上海体育学院学报, 2021, 45 (4): 47-57.

[78] 张宇飞，宋跃洋，周姝. 地方性冰雪产业财税政策工具的优化策略——以东北三省为例 [J]. 体育成人教育学刊, 2021, 37 (6): 20-25.

[79] 王世金，徐新武，颉佳. 中国滑雪场空间格局、形成机制及其结构优化. 经济地理, 2019, 39 (9): 222-231.

[80] 张宇飞，郑蕴轩，范高荣，等. 中国冰雪旅游研究：述评与展望 [J]. 旅游论坛, 2024, 17 (2): 86-98.

[81] 张月，蒋依依. 冬奥旅游遗产的创造、识别与利用 [J]. 旅游学刊, 2022, 37 (1): 13-15.

[82] ÖNDER I. Forecasting tourism demand with Google trends: Accuracy comparison of countries versus cities [J] . International Journal of Tourism Research, 2017, 19 (6): 648-660.

[83] PARK S B, OK C M, CHAE B K. Using Twitter data for cruise tourism marketing and research [J] . Journal of Travel & Tourism Marketing, 2016, 33 (6): 885-898.

[84] PADHI S S, PATI R K. Quantifying potential tourist behavior in choice of destination using Google trends [J] . Tourism Management Perspectives,

2017（24）：34-47.

[85] 王储，卢长宝，把多勋，等. 中国代表性滑雪场网络关注度时空演变及影响因素［J］. 自然资源学报，2022，37（9）：2367-2386.

[86] 张瑞林，李凌，车雯.冰雪体育旅游消费决策影响因素的质性研究［J］. 体育学刊，2017，24（6）：54-60.

[87] SOHRABI B，VANANI I R，NASIRI N，et al. A predictive model of tourist destinations based on tourists' comments and interests using text analytics［J］. Tourism Management Perspectives，2020（35）：100710.

[88] NIEZGODA A，NOWACKI M. Experiencing nature：Physical activity，beauty and tension in Tatra National Park：Analysis of TripAdvisor reviews［J］. Sustainability，2020，12（2）：601.

[89] SONG J，JAI T M，LI X. Examining green reviews on TripAdvisor：Comparison between resort/luxury hotels and business/economy hotels［J］. International Journal of Hospitality & Tourism Administration，2020，21（2）：165-187.

[90] ABRAHAMS Z，HOOGENDOOM G，FITCHETT J M. Glacier tourism and tourist reviews：An experiential engagement with the concept of "Last Chance Tourism"［J］. Scandinavian Journal of Hospitality and Tourism，2022，22（1）：1-14.

[91] 张宇飞，金泰，毛翌骁. 冰雪产业高质量发展的资金困境与金融支持——基于耦合理论的视角［J］. 商业经济，2023（6）：67-70.

[92] 张宇飞，张雅文. 竞合理论下的东北地区冰雪产业协同发展与差异化营销策略［J］. 辽宁体育科技，2021，43（2）：6-11.

[93] 张慧婕，石灵珊，刘利. 大数据透视下的我国冰雪运动网络关注度探究［J］. 体育与科学，2019，40（1）：114-120.

[94] 张宇飞，任艳路，梁丽敏. 中国冰雪旅游网络关注度的时空差异与影响因素——基于百度指数2011—2020的实证数据［J/OL］. 世界地理研究，1-15［2024-01-28］.

［95］ 张宇飞，任艳路．东北三省滑雪场空间可达性及其市场潜力［J］．吉林体育学院学报，2022，38（6）：78-87.

［96］ 张贵海．中国滑雪产业发展问题研究［D］．哈尔滨：东北林业大学，2008.

［97］ 付艳慧．滑雪旅游目的地旅游竞争力及其开发评价研究——以亚布力滑雪旅游度假区为例［D］．青岛：中国海洋大学，2009.

［98］ 李慧．后冬奥时代冰雪旅游景观的“视觉性”生产研究［J］．体育与科学，2022，43（2）：49-55.

［99］ 王智慧．如何再续“冰雪奇缘”？——北京冬奥会后期效应与东北冰雪产业振兴的理论逻辑及实践路径［J］．武汉体育学院学报，2022，56（5）：29-38.

［100］ 张宇飞，王晶．冰雪产业高质量发展的法治保障研究［J］．四川体育科学，2020，39（2）：24-27.

索引